池上 彰 + 増田ユリヤ
Akira Ikegami & Julia Masuda

徹底解説！
アメリカ
波乱続きの大統領選挙

ポプラ新書
100

はじめに――分断され、格差が拡大するアメリカ

アメリカ大統領選挙のニュースが、日本でも頻繁に流れています。その理由はもちろん、「暴言王」とも呼ばれるドナルド・トランプが、共和党の大統領候補者に事実上決まったからです。もしトランプ大統領になったら、日本は、そして世界はどうなるのか。当初は「トランプ旋風」を面白がって見ていた日本のメディアも（実は私もですが）、トランプ候補の快進撃（怪進撃）には驚くばかり。アメリカは、いったいどうなってしまったのか。

その実相を探ろうと、ジャーナリストの増田ユリヤさんは、たびたびアメリカの現地取材を敢行。トランプの熱烈な支持者から話を聞くことで、支持層の思いが見えてきました。また、インテリ層が多いニューヨークでもトランプ支

持者は増えているものの、トランプを支持していることを隠しているという、「隠れトランプ支持者」がいるというのです。それはなぜでしょうか。

トランプ旋風に対するは、民主党のベテラン政治家ヒラリー・クリントン。八年前にも大統領を目指しましたが、このときは伏兵バラク・オバマに行く手を阻まれ、涙を呑みました。雌伏《しふく》のときを経て、今度こそ「女性初の大統領」を目指したのですが、今回もまた伏兵が登場しました。「民主社会主義者」を自称するバーニー・サンダースです。

サンダースは七四歳という高齢ながら、若者たちの絶大な支持を得て、ヒラリーを追い上げてきました。大手メディアは、「ヒラリーが民主党大会で党の候補者になるのは確実」と報道し続け、六月のカリフォルニア州などの予備選挙の結果、ヒラリーは勝利宣言をしていますが、サンダース陣営は、七月の党大会まで運動を継続するというのです。なぜか。そこには自分たちの思想を民主党全体の方針にしたいという強い思いがあります。

それにしても、どうして「サンダース旋風」が巻き起こっているのか。これについても、現地からの増田リポートをお読みください。

アメリカは、一方にトランプ旋風、もう一方にサンダース旋風が吹き荒れました。そこには、分断され、格差が拡大するアメリカの現実があります。一一月八日の大統領選挙投票日に誰が当選しようと、この選挙戦で露呈したアメリカ社会の亀裂は、これからも修復されることなく拡大していくことでしょう。そんなアメリカを知るために、この本がお役に立てれば幸いです。

二〇一六年七月

ジャーナリスト　池上　彰

民主党

人気のない本命候補

ヒラリー・クリントン

VS

共和党

番狂わせの元凶

ドナルド・トランプ

従来の寄付集会という方法で選挙資金を集めるヒラリー陣営。人気料理研究家の料理教室への誘いは500ドル（約5万3000円）からと告知するホームページ。

Hillary for America

党員集会での熱狂的なトランプ支持者。巨大なトランプが描かれたトラックも駆け付けた。

支持者たちはどう動いている?

ぶれない主張という信頼感

バーニー・サンダース

民主党

A Future to Believe in

数万人規模になったニューヨークのサンダース支持のデモ行進。アメリカ全土に広がっていった支持者の輪。

VS

「1%の富裕層(エスタブリッシュメント)の味方をし、巨額の政治献金をウォール街はじめ全米から集めているヒラリーは信用できない。99%の市民の味方はバーニーさ!」と団塊世代のサンダース支持者。

サンダースに扮装したLGBTの女子高校生。

Make America Great Again

アメリカ大統領選挙
焦点になるのはどの州か

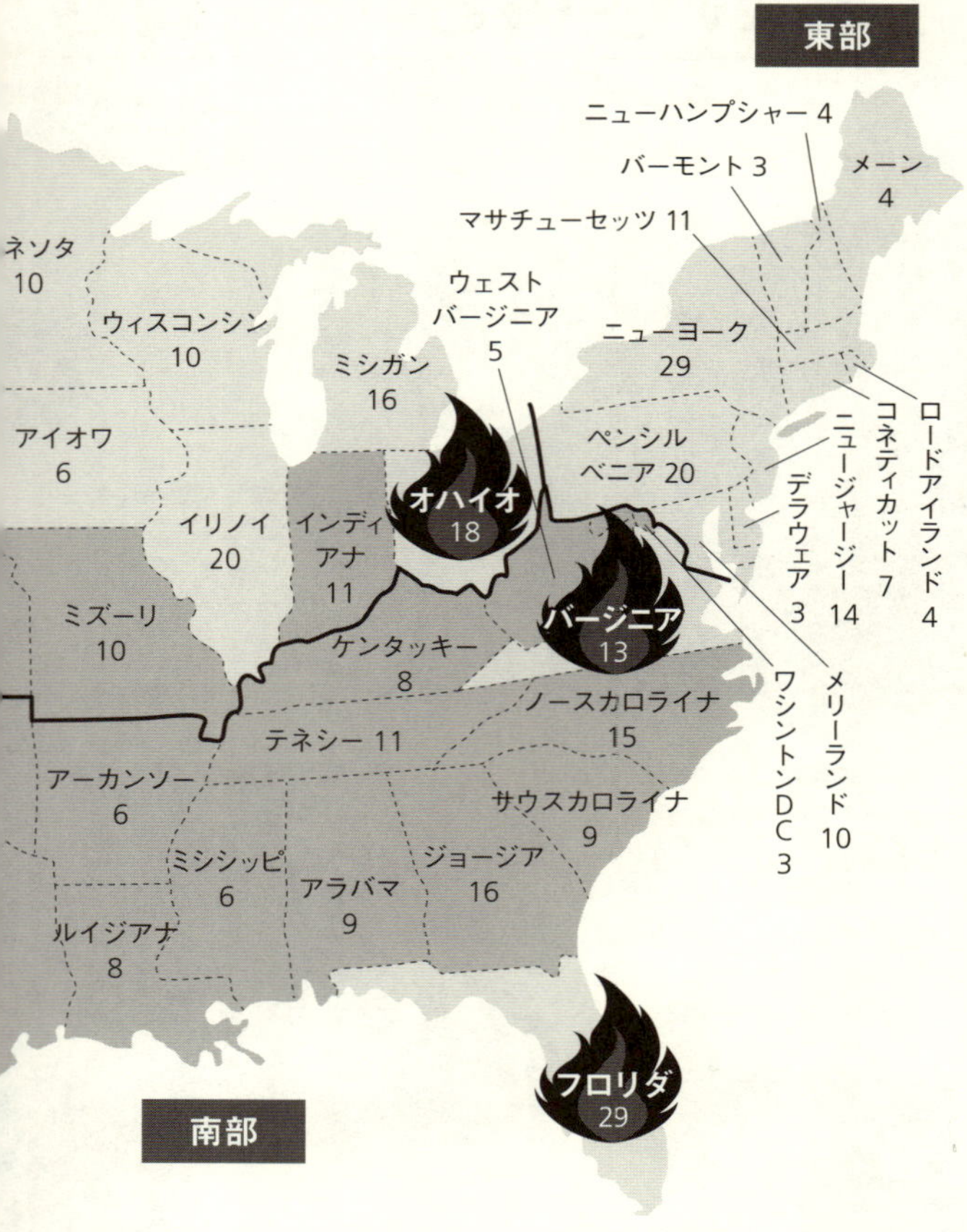

数字は、各州の大統領選挙人の数で、全部で538人。
大統領選挙人の数は、上院議員（各州２人）と下院議員（人口に比例）の合計した数。10年ごとに実施する国勢調査により決められる。

2012年のアメリカ大統領選挙のときに
民主党（オバマ）が勝った州（27）＊　共和党（ロムニー）が勝った州（24）
＊ワシントンDCも1州に数えるので51となる

は今回の選挙で勝敗の行方が見えないとして注目されている激戦州

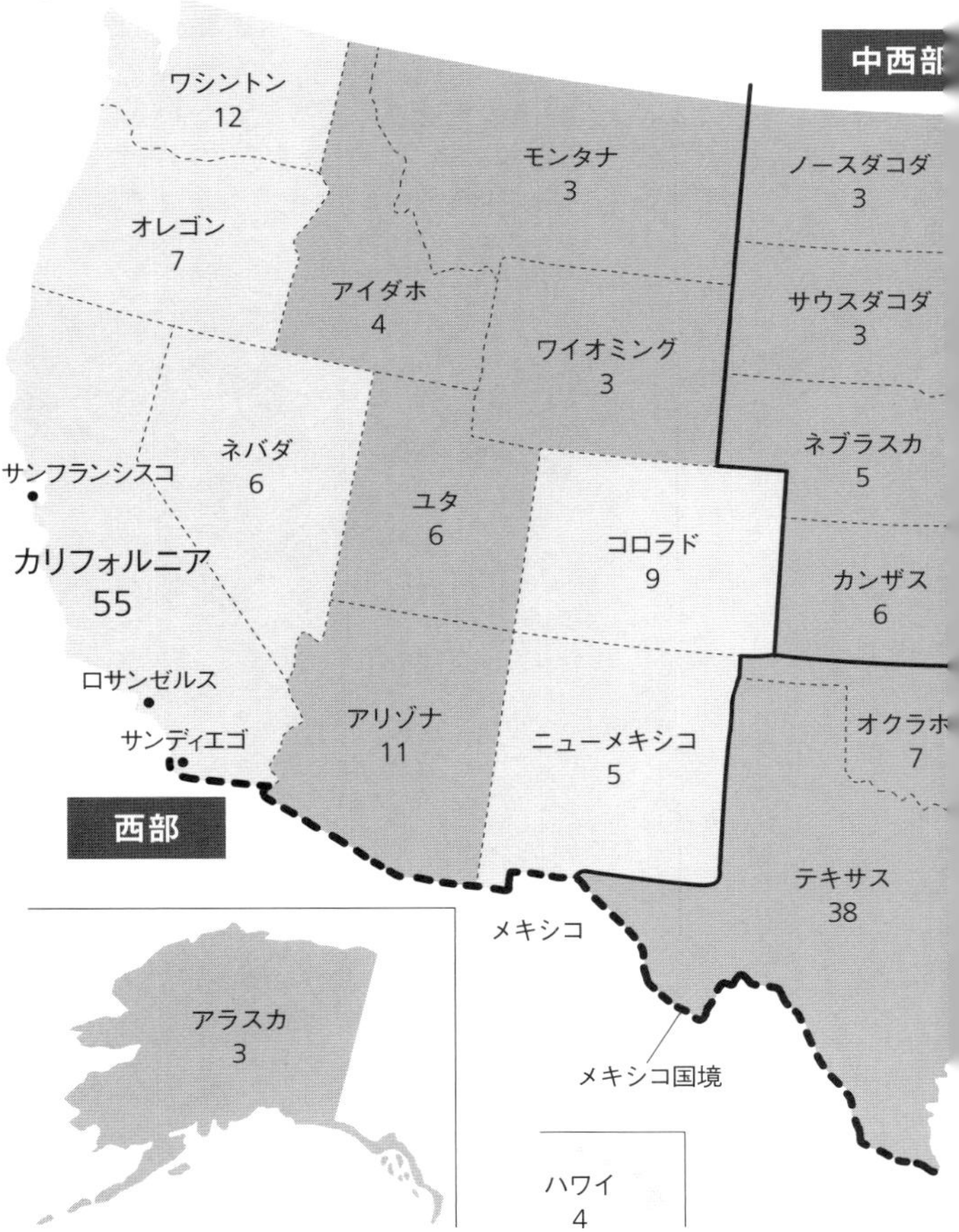

「グローバルワイド　最新世界史図表　新版二訂」をもとに作成

勝ち残ってきた候補者たち

当初は、民主党の本命はヒラリー・クリントン前アメリカ国務長官、共和党はジェブ・ブッシュ元フロリダ州知事だった。ヒラリーはビル・クリントン元大統領夫人、ジェブは、父と兄が大統領だったため、クリントン家とブッシュ家の争いと言われていた。だが、泡沫候補と思われていた民主党のバーニー・サンダース上院議員と、共和党のドナルド・トランプが支持を集める結果に。

ヒラリー・クリントン

ヒラリーは、民主党のベテラン政治家。8年前にも民主党大統領候補になろうと、オバマと最後まで指名を争った。今回は「女性初の大統領」を目指している。ウォールストリートからの献金を受けながら「格差解消」を訴えても、説得力は弱いと思われ苦戦している。

バーニー・サンダース

ニューヨーク出身の「民主社会主義者」。両親はユダヤ人。祖父母がホロコーストに遭い、サンダース自身は「非戦」を訴え続けている。「格差社会」の解消や「公立大学無償化」を目指す。74歳と高齢ながら、若者たちの絶大な支持を得てヒラリーを追い上げてきた。

マーティン・オマリー

リンカーン・チェイフィー

ジム・ウェッブ

民主党

主な支持層＝黒人、ヒスパニックなどの移民、高学歴エリート、女性、性的マイノリティマルコ・ルビオ、テッド・クルーズ、ジェブ・ブッシュは、ヒスパニック系からの支持が期待できる候補として名乗りを上げた。ルビオはキューバ移民の息子、クルーズもヒスパニック系、ブッシュの妻はメキシコ出身。ところが、いずれも途中で脱落。トランプのようなヒスパニックを排斥する側の人間が共和党候補に選ばれた。

ドナルド・トランプ

ニューヨーク出身。これまで何度も事業を起こしては失敗を繰り返してきたが、それでも立ち直った。「不動産王」の異名を持つほどの敏腕ビジネスマンでもある。政治家としての経験はゼロ。

撤退した候補者たち

2016年5月撤退
テッド・クルーズ
ジョン・ケーシック

2016年3月撤退
マルコ・ルビオ

2016年2月撤退
ジェブ・ブッシュ

そのほかにも共和党からは下記のような候補者が乱立した。

ベン・カーソン
ジム・ギルモア
クリス・クリスティー
カーリー・フィオリーナ
リンゼー・グラム
マイク・ハッカビー
ボビー・ジンダル
ジョージ・パタキ
ランド・ポール
リック・サントラム
リック・ペリー
スコット・ウォーカー

共和党

主な支持層＝北東部の富裕階級、南部の低学歴の白人

source:ウォールストリートジャーナルなど

アメリカ大統領選挙大異変 その背景とは

移民に反対してトランプを支持する内向きの国民、格差拡大に怒る若者たち。
大統領選挙の異変は、この人たちが抱えている
アメリカ社会の亀裂が背景にある。

増える人口

アメリカの人口＝3億2555万人（2015年）

2010年から290万人ほど増えている。
そのうち18歳以下が24.0％、65歳以上は14.4％

貧困

貧困レベルの人（2006-2010年）＝13.8％

進む多言語・多文化

合法的移民の数（2012年）＝103万人　＊永住権査証の発給数。

不法移民の数（2012年）＝1143万人

＊不法移民とは、外国生まれの人が入国審査を受けずに入国したり、一時的な入国許可を得て許可された日数を超えて滞在している場合を指す。ただし、正確な数字を把握できないので、外国生まれの住民の数と永住権を取得した移民の数から国家安全保障省が推計している。

家庭で英語以外の言語を話す人（2008年）＝19.5％

（5歳以上の人口に占める割合）

＊家庭で話す言語で多いのは、スペイン語（3456万人）、中国語（246万人）、フィリピンでおもに話されているタガログ語（148万人）、フランス語（133万人）など。ちなみに日本語は44万人。

白人層がマイノリティに転落!?

白人の比率は、2000年の69.1％から急激に減り、かわってヒスパニック系が12.5％から急増。アフリカ系とアジア系は微増。

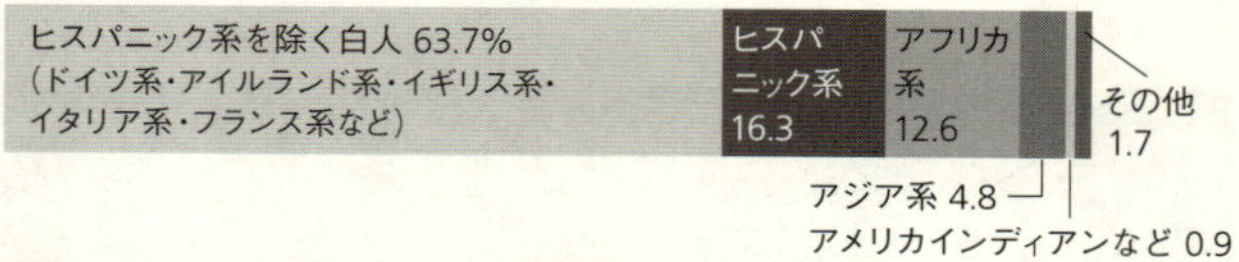

source:アメリカンセンター、2010年の国勢調査、
現代アメリカデータ総覧2011、国家安全保障省など

徹底解説！アメリカ／目次

は大統領だけ／大統領になる資格とは／大統領職の継承順位も決まっている／大統領選挙の投票日が火曜日のわけ／「全米最初」は町興し／アイオワの党員集会を取材してみると／大統領選挙は「大統領選挙人」を選ぶ

第3章　専門家ほど予測できなかったトランプ旋風　127

増田ユリヤ

番狂わせの大統領候補／「トランプはビジネスマンとしての手腕がある」／どんな人がトランプ支持者になったのか／トランプへの想いを込めた巨大絵画／徹底した現実主義者トランプ／「隠れトランプ支持者」たちの悲哀／反トランプが怖くて何も言えなかった／エリートトランプ支持者たちの本音／トランプの集会では何が起こっているのか／熱狂が熱狂を生み、ここまで来たトランプ旋風／お金を儲けて何が悪いの？／ようやくトランプ支持を公表できた／誰も守ってくれはしない

第4章 今、アメリカ社会で何が起こっているのか　175

池上彰

おわりに――世界が内向きになっていく中での大統領選挙　226

増田ユリヤ

地図作成・デザイン春秋会
写真・増田ユリヤ（103頁、左記を除く）
鈴木伸之（クロスポート）（119頁、193頁下、203頁上）

序章

大統領選挙から見えてくる民主主義のプラスとマイナス

池上彰＋増田ユリヤ

どうして予備選挙がこんなに盛り上がっているのか

池上　「はじめに」でも触れたように、今回のアメリカ大統領選挙の大きな話題は、ドナルド・トランプとバーニー・サンダース、この二人の候補者の大旋風が巻き起こったことですね。

増田　予備選挙がこんなに盛り上がるとは、誰も予想していなかったのではないでしょうか。共和党のトランプは不動産王、民主党のサンダースは民主社会主義者という、アメリカ政界のメインストリームからは距離がある存在だったので、二人とも泡沫《ほうまつ》候補と当初は見られていました。

池上　この二人の旋風がなぜ起こったのか。その背景を見ていくと、アメリカの現在、そして社会の成り立ちなどがわかってくるのではないかと思います。

では、まず増田さんはそれぞれの支持者にアメリカで取材してみて、どういう印象を持ちましたか。

増田　何より感じたのは、主義主張がまったく異なる二人の支持者に共通している意識が彼らの躍進を支えていたことですね。**それは、これまでの政治家に**

よる政治はもうご免だという支持者たちの思いです。とにかく自分たちのことを考えてくれるリーダーが欲しい。アメリカとアメリカ人にとってよいことをしてくれる人を大統領に選びたいという印象を強く持ちました。

池上　そうやって自分たちの意志を反映させ、直接選べるところが、アメリカ大統領選挙の大きな特徴です。ただ、ここで直接と言いましたが、制度的には間接選挙なので、詳しい選挙制度についての説明は第2章でしましょう。

とにかく今回の予備選挙の状況を見ていると、民主主義のプラスとマイナスがよく見えてきます。ローマ時代の民主制は、もちろん奴隷制度がある中での市民が王を決めていたわけですから、今の状況と同じとは言えませんが、結局、ポピュリズム、つまり大衆迎合型の政治がまかり通り、それが「パンとサーカス」という言い方で揶揄《やゆ》されるような衆愚政治にもつながっていきました。「パンとサーカス」、つまり食べ物と娯楽が与えられることで満足させられて、政治に対して市民があまり関心を持たないような状況に陥っていることを指したわけですが、今の社会にも通じるところがあるように思います。

例えば今のトランプは正に「パンとサーカス」を与えてくれる存在として支持されているところがあるかもしれません。彼について報道すれば視聴率が稼げる。すると広告収入も上がるので、アメリカのテレビのCBSニュースの社長は、トランプのブームはアメリカにとってはよくないかもしれないけれど、わが社にとってはとてもいいことだとコメントしています。それだけ多くの人たちから関心を持たれ、メディアにとっては視聴率が取れて、お金を生み出す存在なわけです。

増田　報道については別の見方もあります。報道する側は、トランプやサンダースが候補に残るなんて当初は思ってもいないですし、今でもトランプが大統領になる可能性があるなんてあまり思いたくないわけです。ですから予備選挙で彼らへの票が伸長しても、まだ予備選挙だからお祭りのようなものだとか、そろそろ投票する側も真剣になるといった伝え方をしてきました。それが徐々に、トランプの勢いが増してくると、ネガティブな報道を繰り返すようになります。もちろんネガティブに取り上げられるような言動が多いことも事実なのですけれどね。

そういう否定的な報道についても、トランプの支持者に話を聞くと、見方は大きく異なります。メディアでは、移民を追い出せとトランプが言っていると伝えられてきました。しかし支持者たちは、トランプは不法での入国者は非難しているけれど、合法の移民に関しては問題ないと言っている。だからメディアは、トランプが言っていることをきちんと報道していないと批判するんです。他にもトランプの集会で反対派の黒人の男性を追い出した映像が流れていましたが、支持者に言わせると、追い出された彼は、黒人であるから閉め出されたわけではなく、ルールを破って集会を邪魔したからそういう結果になったのだと。でも報道の仕方によっては、トランプが人種差別的な傾向が強いことを印象づけるような内容になっています。

そういうネガティブな報道をすればするほど、支持者たちの熱は高まっていきました。支持者たちは、候補者の動向をとてもよくチェックしていて、マスメディアの報道ではこう伝えられているけれど、実際に候補者が言っていることとはこうだ。自分が集会の場で見た、聞いたのはこういうことで、メディアはきちんと取り上げないけれど、こういういいところがある、いいことを言っていたと積み上げていくわけです。

池上　報道する側は、既存の政治勢力と同じように、庶民の方を向いていないということですよね。だから支持者にとっては、メディアも既存の権力でしかないように映る。報道を批判的に捉えるわけです。

二人の今回の躍進を見ていると、アメリカが伝統的に既存の政治権力に対する拒否感が根強い国であることを改めて実感します。とても広い国で、それぞれの州による自治を基本としていますから、遠い首都のワシントンで一部の政治家たちが国の政策を決めることへの不信感があるわけです。

だから、**政治のベテランというのは、大統領選挙では意外に弱い傾向があります。**例えばバラク・オバマも上院議員になって一期目で立候補して大統領になりました。ワシントン政治の手あかに染まっていない、新鮮な候補を好む傾向がアメリカ人にはあるんです。

増田　取材していると、ヒラリー・クリントン候補の名前があまり出てきませんでした。その理由の一つとして、そういう政治のベテランを好まない傾向があるのかもしれません。彼女の夫のビル・クリントンが大統領だったのは一九九三年から二〇〇一年にかけてです。彼女は、二〇〇〇年から上院議員を務め、二〇〇八年には予備選挙でオバマと民主党の大統領候補を争って負けますが、その翌年から、オバマ政権の国務長官になった。そうやってワシントンの政界に長い間いて、既存の政治の世界での能力があることはわかっている。それでもサンダースとの予備選挙はかなり苦労する結果になるわけですから、ベテラン政治家の人気があまりないというのは確かかもしれません。

池上　有権者が既存の政治家であるヒラリーに新鮮さを感じていないのでしょう。

増田　だから彼女を初の女性大統領にしようというところになかなか注目が集まっていかないのですね。

池上　取材でヒラリーの集会に行ったとき、中高年の女性支持者の割合がとても多いことに気づきました。つまり昔、女性にもさまざまな権利をと謳《うた》ったウーマン・リブやフェミニズムの運動を闘ってきた人たちが、私たちの仲間を大統領にという意識なんでしょうね。

増田　データでのヒラリー支持者の年齢層の中心を見ると確かにそうです。

アメリカ社会が求める大統領が変わった

池上　ヒラリーはそのときどきで言い方や表現を変えたり、主張を変えたりしています。これは正に老練な政治家たちの交渉術でもあるわけで、一概に批判しきれないですが、有権者はそういう態度に対する不満や不信感も持っていますよね。

増田　トランプの支持者たちは、彼がいくらメディアでネガティブな報道をされても、自分が間違っていないと思うことであれば、自身の主張を曲げず、絶対に謝ったりしない。そういう強さが評価できると言うんです。強いアメリカを取り戻すには、相手の顔色や様子を見て態度を和らげるようではダメだと。

一方、サンダースは、公立大学の無償化を訴えたことで、若者たちに絶大な支持を得たと報道されますが、取材していると、その主張だけではなく、他の候補者が言及しない環境問題などを、彼だけがずっと取り上げていた。そしてイラク戦争のときからサンダースは戦争に反対している。だから彼は信用できるし、支持すると言っていました。

ここでトランプとサンダースに共通するのは、ぶれないということだと思うんです。

池上　アメリカの今の政治状況に対する有権者の憤りをよく示しています。二〇〇八年、オバマが大統領に当選したときは、上院議会の多数派がオバマの所属する民主党でした。それがティーパーティー運動という、サブプライムローンの破綻などによる金融機関への政府支援に反対する動きが強まり、二年後の中間選挙では共和党が多数を占めることになります。そうすると大統領が何か政策を決めようとしても、共和党員が多数の議会がそれに反対をする。それもティーパーティー運動によって共和党の穏健なベテラン議員が排除され、強硬な若手議員たちが多くなったことでオバマ大統領の政策に対する妥協が一切なくなってしまったんです。一方で議会多数派の共和党が何かしようとしても、大統領が拒否権を使ってそれを阻止する。**大統領と議会の間のねじれが原因で何も進まないという状況が続いてきたんです。**そういう事態に対する不満が高まってきて、妥協するのではなく、ぶれずに周囲を巻き込み、現状を打破するような強いリーダーシップを求めているんでしょうね。

増田　ぶれない政治家を求める流れとともに、サンダースの支持者たちに取材していると、アメリカ社会の変化も感じます。

　奨学金を借りて高等教育を受けることが一般的なアメリカ社会において、その負債を返済することが困難な状況の人たちもいる。だから公立大学の授業料の免除を掲げると、それが支持される。それだけでも大きな変化ですよね。学費の返済をすべて自己責任と捉えるのではなく、そんな社会状況がおかしいと考える人がアメリカにも増えてきているのだと思います。

池上　給付型ではありませんから、奨学金というより学生ローンですよね。サブプライムローンの破綻後、景気が悪化しました。オバマ政権下で失業率はだいぶ回復してきましたが、非正規労働が増え賃金は低下していると言われています。仕事があってせっせと働いていても生活が苦しい、ワーキングプアが多くいるわけです。そうすると、ローンの返済ができない人たちも出てきます。そういう状況に絶望的な思いを持って生きている人たちもいるのでしょう。

増田　ただ、サンダースを支持している若者たちは、すべての人が貧困に喘《あえ》いでいて、だから彼を応援しているというわけではありません。サンダースが学費の無料化や戦争反対を自身の言葉として正面切って言ってくれることへ賛同しているんだと思うんです。

今までの政治家たちが、アメリカという国はこうあるべきなんだという既成概念の中で政治を続けても、それで私たちの生活は何も変わらないし、戦争も繰り返している。そこを変えたいという思いが強くなっている人が増えているのではないでしょうか。

アメリカの一般の人たちの知識や教養のあり方も変化しています。改めて今、

戦争はいけないという価値観を持っている人も増えている。そういう中で正面切って戦争反対と言い続けている政治家が出てきた。だからこの人を信用しようと思うわけです。

公立の高等教育の無償化については、サンダースの支持者たちは、元に戻すだけだと言います。なぜなら以前は公立大学の学費はもっと低額だったり、ほぼ無料だったりしたところもあるからです。そうやって今当然であると思われていることも変化させていけると思っているのではないでしょうか。

池上　ジョージ・ブッシュ政権時代のアメリカは、二〇〇一年の九・一一の同時多発テロ以後、アフガニスタン、イラクで戦争を始めました。とても多くの兵士たちが亡くなっています。戦場から帰ってきた兵士たちも心に傷を負い、自殺する人がすごく多いのですね。あるいは心を病んだ帰還兵が罪を犯してしまうこともあります。そういう状況を経験している今の有権者たちに、戦争にずっと反対し続けているサンダースの姿勢は、強いインパクトを与えるんでしょう。

ヒラリーは当時、上院議員でイラク戦争に賛成しています。彼女は将来、自分が大統領選挙に出馬するとき、大統領たるものは国の防衛や安全保障のことを考えて、戦うときは戦うという姿勢を国民に示しておいた方がいいだろうと考えて賛成した。選挙の際に戦争に反対した経歴がマイナスに働くだろうと見越して賛成したわけですね。それが今、イラク戦争に賛成したではないかと、サンダースの支持者たちからは叩かれている。これだって時代の変化や民意の変化の表れです。

増田　社会が成熟してくると、その社会を構成する人たちが求める理想も変化してくると思います。そしてそこに合致してくる政治家が求められ、選ばれるようになる。

池上　サンダースも言っていますよね、自分の主張は極端だと言われるけれど、北欧の国々では既に行われているような政策だと。確かに世界の状況を見れば、北欧諸国は社会民主主義政党が高福祉の方針を打ち出して、社会的なコンセンサスを得て実現させせています。もちろん福祉全般に関しては、まず高負担という違いがあり、歴史的経緯や人口、国土の大きさや産業などさまざまな違いがありますから、それがそのまま違う国でできるかと言えばそう簡単ではないでしょうが、学費に関しては、アメリカと日本と韓国がＯＥＣＤ諸国の中ではずば抜けて高い状況です。ヨーロッパ各国は大学までほとんど無料ですからね。

増田　今は情報にすぐアクセスできますから、なんで他の国と比べてアメリカの学費はこんなに高いのかと考える人もいると思います。特に学生たちはいろいろな知見に触れて、自分の考え方を模索する時期の人たちですし、理想を求めて、サンダースのような人を支持するのは理解できます。

あとは取材していると、アメリカには社会主義に対するアレルギーがあるという捉え方も、既にひと昔前の話だという気がしました。今のアメリカ社会においては、それはタブーでもなんでもないように思います。

池上　本当にそうみたいですね。私もアレルギーがあるかと思っていたのですが、ソ連の崩壊が一九九一年で、既にそれから二五年もの年月が経っているわけです。今の若い人たちはソ連というものがわからないし、社会主義と言われても大きなマイナスイメージを持っていないんです。

増田　彼らはアレルギーどころか、社会主義なんて知らないわけです。そうすると、今のアメリカ社会で、戦争はいけないと思う人は多いであろうし、福祉は充実した方がいいと思うのは当たり前ではないでしょうか。

今回の選挙で二大政党制が変わる？

増田　アメリカの選挙に関して取材していると、本当に参加するだけでもたいへんですね。

池上　とにかくみんな何をするにも能動的になる必要があるんですよね。**そもそも有権者登録をしないと、投票ができない。**日本は二〇歳になれば、今年の夏からは一八歳になりましたが、選挙のときには自動的に選挙管理委員会から投票所への入場券が送られてきます。そうすると、自ら投票する権利を獲得するような感覚はまったく湧かないでしょう。

増田　アメリカではまず投票に行くまでのプロセスがたいへんです。詳しくは第1章でお話ししますが、州によってもいろいろな手続きが違いますし、すごく複雑です。その一連の手続きを体験するだけで、民主主義に参加して、身についていくような感覚があると思いました。そういう煩雑なことをして投票に行かなくてはいけないわけですから、きちんと自分なりに候補者たちはどういう考えなのかを調べ、誰に投票するか決めて投票に行こうという気分になると思うんです。

日本のように投票所にただ行くだけになると、自分から何か状況を考えて進んで行こうというようになかなかならないのではないかと思ってしまいました。

池上　さらに言うと、**アメリカには日本のような選挙についての規制がほとんどありません。**日本は公職選挙法であれをしてはいけない、これをしてはいけないとガチガチです。アメリカはそれこそ脅迫したり監禁したりしなければ、何をしようと自由ですから、いろいろなかたちで候補者の情報を知る機会もあります。

増田　サンダースの選挙応援をしているボランティアの人たちの取材に行きました。個人の家の一室に、近くに住んでいるボランティアの人たちが集まってリストにそって選挙勧誘の電話をかけていくんです。そしてそこで蓄積されていった情報をみんなで共有して、戸別訪問はどこへ行くと効果的かといったことをデータから分析した上で、日程を決めてみんなで出かけていくんです。

池上　戸別訪問が認められていることも大きいですよね。戸別訪問とは文字通り候補者やスタッフたちが有権者の自宅に戸別に訪問して、政策などについて話し合い、支持を訴え投票をお願いする選挙活動です。日本では一律に禁止されていますけれど、アメリカやヨーロッパでは認められています。いや、戸別訪問が認められていない国の方が少数派なんです。

日本のように宣伝カーを借りて、ウグイス嬢を雇って、ただ候補者の名前を連呼してまわるなんていうことはない。ボランティアが戸別訪問をしてくれるので、お金もかからないわけです。

増田　戸別訪問に来るのが当たり前だと欧米では思っていますよね。それと選挙の際、支持者で参加できる余裕がある人たちは、ボランティアをするのも当たり前の文化です。選挙参謀などはお金が発生する場合もありますけれど、基本的にお金のために選挙に関わっているようなことはないですからね。

池上　だから候補者自身はお金がなくてもいいんです。政策を訴えて支持を得られれば、献金がどんどん集まる。それで選挙活動をする。予備選挙の途中で脱落していく人は、票が集まらず、献金も集まらなくなった結果、活動資金が足りなくなっているのです。

増田　ボランティアで参加できる人、献金で支援する人、それぞれができることで選挙に参加していく。それだけ望みを候補者に託すという気持ちが強いのだと思いました。そして**自分で動かないと何も得られない選挙システムは、能動的にならないと何も得られないアメリカ社会のあり方自体を示しているのだと思います。**

池上　それぞれの予備選挙などを取材してみると、有権者が成功体験を積み重ねているなと思いました。例えばサンダースであれば、一所懸命に応援運動をすると、ある州ではヒラリーに勝ったりするでしょう。小さな勝利を得るわけですね。自分たちがみんなでがんばれば勝てるんだ。ではまた次もということになる。自分たちが動くことで本当にこの州で勝てたんだという実感が得られるんです。自分たちの動きによって世の中を変えることができるという感触を、アメリカの多くの人が持っているのではないでしょうか。

増田　泡沫候補と見なされていたサンダースが全米で支持を得るようになって、ヒラリーと予備選挙で接戦になったり、勝ったりするということがあるわけですから、支持者たちは望みを最後まで捨てないという意識が生まれますよね。

それと電話勧誘による選挙活動を取材したときに気づいたのですが、支持する候補者が決まっている人を説得するようなことはしないんです。まだ考えているとか、候補者がどういう考えかよくわからないというような人に、相手の意向を確認しながら、サンダースに興味があるようであれば、投票に行ってほしいという話をするんです。そして選挙の登録をしていないのであれば方法はこうで、投票所はここでといった説明をしてあげて、電話を切っていました。

自分が支持する候補者に傾きそうな人を確保するといった感じの活動なんです。

自分で登録しないと投票できないシステムだからこそ、草の根の選挙運動もまずは登録して投票してもらうための働きかけをするわけです。登録するのはものすごく面倒くさいですから、放っておくと投票に行かない人も出てくる。そこを登録して投票に行ってもらう活動をすることで支持者を増やし、票を伸ばす一つのきっかけにする。それが選挙活動の大きな部分であり、そういう繰り返しが民主主義を育てていくのではないかと思いました。

池上　しかし今回の予備選挙は、今までとは大きく異なるところがありますよね。そういう草の根の活動の結果、二大政党制では有権者の願いをうまく汲み上げられないことがあらわになってきました。民主主義のプラスとマイナスという話を最初にしましたが、二大政党制が複雑な社会状況に対応できなくなってきているのです。

アメリカの二大政党制では、共和党政権が長く続くと、次は民主党政権になって、民主党が長くなると、また共和党の大統領が生まれる。そんな流れでこれまでできました。そう考えると、今回はそろそろ共和党の番なんですけれど、トランプが候補に選ばれる状況では、共和党が政権を握るのはかなり厳しいでしょう。さらに言うと、今回をきっかけに共和党は崩壊するかもしれないという見方すらあります。

増田　民主主義の手続きをきちんと重ねても、こういう状況が生まれるわけですから、やはり選ぶということはたいへんな労力がかかりますよね。

池上　自分たちの立場を草の根から主張して、それがある程度の支持を得る候補者がいても接戦で負ける。しかしその候補者の政策がほとんど為政者に活かされることがない状況が続くと、民主主義自体に対する信頼の問題になってきます。

増田　今回のアメリカ大統領選挙でいうと、ヒラリーがどこまでサンダースの主張を民主党の政策に取り入れるか、ということも重要なポイントになるでしょう。それが、サンダースが最後まで戦い続けた目的なのですから。それでもサンダース支持者たちの中には、ヒラリーに本選挙で投票しないと言っている人たちもいましたから、棄権するのか、それとも第三者へ投票するのか、状況がどうなるか見えないところもあります。

池上　あまり多くはないとは思いますが、ヒラリー憎しで共和党のトランプへの消極的支持にまわる可能性も絶対にないとは言えないですよね。この多様な社会状況とどういうバランスを取った政治が今後展開されるのでしょうか。

例えばイギリスは、労働党と保守党の二大政党制であると昔は習ってきました。けれど今は自由民主党という、労働党と保守党の真ん中の主張をする政党が生まれています。労働党も保守党も自分たちの党だけでは政権を担えない状況にもなっているんです。第三の政党である自由民主党をどちらが取り込むか。そうやってバランスを取りながら政権運営がなされるようになっています。

アメリカは、大統領が議会によって選ばれるわけではないですから、連立政権というようなことはあり得ないわけです。けれど政党がどうなっていくかは有権者の意識とも関係がありますから、共和党が分裂したりする可能性もあれば、サンダースを支持する人たちが今後なんらかの勢力を形成する場合もあるかもしれません。そうすれば、**政党の再編による議会の勢力バランスの変化が起こり、大統領と議会の関係にもこれまでとは違った、新しいかたちが生まれてくることもあり得るでしょう。**正にパラダイムシフトが起こるかもしれませんね。

それでは次の章から、取材を通して見えてきたアメリカ大統領選挙について、より具体的に見ていきましょう。

第1章 予備選挙を支える草の根の支持者たち

増田ユリヤ

熱狂的なバーニー・サンダース支持者たち

"BERNIE! NOT FOR SALE!"(バーニーはカネじゃ買えない!)

そう叫びながら、ニューヨークの中心部をデモ行進するのは、アメリカ大統領選、民主党代表候補者のバーニー・サンダース上院議員の支持者たちだ。サンダースが昨年四月に立候補を表明したときには、ドナルド・トランプ同様に泡沫候補扱いで、公式の選挙事務所すら存在しない、という状況だった。しかし、たった二人のサポーターで始めたサンダースの支援活動は、その後じわじわとアメリカ全土に広がり、今年二月に始まった各州における党員集会や予備選挙では、予想外の善戦を展開し続けてきた。特に三月、四月に行われた予備選挙では、ヒラリー・クリントンとの対決で六連勝という快挙を成し遂げ、各地で開かれた集会には、二万人、三万人という単位の支持者が詰めかけ、入場できない人が出るほどの規模に成長した。

そうしたサンダース支持者の熱狂ぶりを初めて私が目の当たりにしたのは、ニューヨーク州予備選挙の直前、四月一六日の土曜日にマンハッタン中心部で行われたデモ行進だ。午前一一時。市庁舎前のフォーリースクエア広場には、サンダースの支持者たちが、まるでハロウィンの仮装行列さながらのコスチュームを身に纏《まと》い、BERNIEと名前が入ったプラカードを手に集まっていた。その数およそ数千人。支持者の数は次第に膨れ上がり、デモ行進が始まる頃には数万人規模に達していた。

なぜ、サンダースに熱狂するのか。参加者たちは、こう答える。

「彼は、昔から言っていることが首尾一貫していて、信頼できる唯一の政治家。学費の無償化や格差をなくす政策など、私たちが共感できる政策なの。お金のかかる政治はもうたくさん！　予備選挙でも本選挙でもバーニーに投票するわ！」（一八歳になり、初めて選挙に参加する女子高校生）

「戦争に正面から反対しているし、平和主義なのもいいね。私はテキサスに住んでいるんだけれど、ニューヨークにいる友人と一緒にデモ行進に参加しようと思って、今日に予定を合わせてここに来たんだ」（黒人男性）

「ＬＧＢＴの私のような人間の気持ちも、バーニーはわかってくれる。私と同

じユダヤ人だし、共感を覚えるのよ」（サンダースに扮装した女子高校生）

「一％の富裕層（エスタブリッシュメント）の味方をし、巨額の政治献金をウォール街はじめ全米から集めているヒラリーなんか、信用できない。九九％の市民の味方は、バーニーさ！」（団塊世代の男性）

そして正午。“BERNIE! NOT FOR SALE!” “FEEL THE BURN!”（熱を「バーニーを」感じろ！）“BERNIE! BERNIE! BERNIE!” と大声で叫びながら、サンダース支持者たちは、思い思いの出《い》で立ちで、ユニオンスクエアまで続くおよそ三キロの大通りを、笑顔いっぱい力いっぱい練り歩いていった。

「バーニーを、守ってあげたいのよ!!」

バーニー・サンダースとはどんな人物なのか。

一九四一年、ニューヨーク・ブルックリン生まれの七四歳。父親はユダヤ系のポーランド移民で母親はニューヨーク生まれのユダヤ人。祖父母はホロコースト（ナチスによるユダヤ人大虐殺）の犠牲者である。シカゴ大学卒業後、バー

サンダースの支持者たちは思い思いに自由に

セサミストリートのキャラクターから連想したサンダースの着ぐるみで扮装して、政策を伝える支持者。20年前にバーモントの大学でサンダースに出会って以来のファンだという。

移民が多いニューヨークのクィーンズ地区の支持者は「138の言語があるクィーンズ地区で全ての人に通じることばは〝バーニー〟」であるというプラカードを掲げて応援していた。

モント州に住む。大工や作家など、さまざまな職業を経て、一九八一年、バーモント州バーリントン市長に。その後一六年間の下院議員を経て、二〇〇七年からは上院議員になる。ずっと無所属を貫いてきたが、二〇一五年、大統領選出馬のために民主党に入党したばかりだ。

三月上旬に私がニューヨークでサンダース支持者を取材したときには、これほどまでにサンダース熱が高まるとは思ってもみなかった。応援といえば支持者個人の自宅を開放して、Phone Banking（電話による勧誘活動）のボランティアを行っていた程度である。

電話勧誘とはどんな応援方法なのか。玩具デザインの仕事を個人で手掛けているというレズリーさんの自宅を訪ねた。ニューヨークの中心部ソーホーにある彼女の自宅アパートは一ＬＤＫ。仕事場も兼ねているが、決して広いとは言えない。多いときはここに一〇人を超える支持者が集まって、パソコンと携帯を駆使して電話をかけているという。この日はレズリーさんのほかに二人の男女がボランティアに来ていた。

電話開始は午後五時。平日の仕事帰りに駆け付け、ビールを片手に直近に予備選挙が行われる州にターゲットを絞って電話をかける。電話のタイムリミットはマナーと常識から考えて午後八時と決めていた。ただ、アメリカは国内でも時差があるので、「まだ○○州は午後五時だから大丈夫！」と言いながら、夜が更けるまで電話をかけ続けていた。

仕事を終えたあとの疲れた身体でボランティアなんて、しかも電話の向こうにいる人は誰ともわからない人だ。すぐにガシャンと切られたり、私はバーニー支持者じゃないからと冷たくあしらわれたりすることも常である。それでも「あーあ、また切られちゃったわ」などと笑顔を見せたり、電話の向こうのお年寄りの長話に付き合ったりしながら、焦る様子などまったくなく、根気強く楽しそうに電話をかけている。そのエネルギーはいったいどこからくるのだろうか。

レズリーさんにサンダース支持の理由を聞くと、両手を合わせて祈るようなポーズをとりながら、こう言った。

「ああ、バーニー!!　私はこの日を待っていたのよ!!　もう、ずーっと前から彼の考え方が好きだったの!!　イラク戦争にも最初から反対の立場をとっていたし、あくまでも平和主義。公立大学の授業料無償化や、温暖化をはじめ環境問題にも熱心に取り組もうとしている。彼の政策を実現させるための財源は、高額所得者への課税割合を高くすることで確保しようと考えているから、格差の是正にもつながると思うの。

彼が大統領になろうと決断してくれるなんて!　守ってあげたいのよ!!」

そう叫びながらレズリーさんは、輝くような笑顔を見せた。

サンダース支持者たちの思い

日本ではほとんど報道されてこなかったが、欧米のメディアでは、しばしばサンダースへの熱狂をロック歌手のようだと伝えている。ニューヨーク州の民主党予備選挙の出口調査では（CNN）、二〇代までの六五%、一八歳から二四歳までに限ると八一%の人たちがサンダースを支持すると答えている。「正義と理想」を叫び続けるサンダースの政治家としての姿勢が、若者たちの熱狂を呼んでいるというのだ。

その熱狂は、たった一か月の間に、ニューヨークでの支援活動に大きな変化をもたらしていた。

四月にニューヨークを再訪すると、冒頭のデモ行進はもとより、ニューヨーク市内だけでも五か所の公式選挙事務所が立ち上がっていた。サンダースの生誕地、ブルックリン地区にできたばかりの事務所本部を訪ねてみる。倉庫跡につくられた事務所の内部は広々としていて、まだあちこちに段ボール箱が積み上げられていた。作業の役割ごとに机がまとまって置いてあり、サンダースのロゴが入ったTシャツを着た人たちが、熱心に電話をかけたり、パソコンとにらめっこをしながら書類の整理をしている。サンダースは、企業からの大口献金などには頼らず、ひたすら公式ホームページやイベントで呼びかけている個人の小口献金で政治活動してきたが、このときには有給の選挙活動人を雇えるまでになっていたうえ（といっても、事務所の一角に数人規模が配置されていた程度だが)、ボランティアの人数も連日増え続け、ニューヨーク市だけで数千人規模に膨れ上がっていた。「(ボランティア登録が)あまりに多くて、正確な数が把握できないんです」と広報担当者のリサさんは言う。リサさんも、もちろん無給のボランティアだ。

「バーニーの活動を支えているのは、個人の小さな善意からなる寄付金です。一ドルから始まる小さな単位のお金の積み重ねで、こうした事務所を開けるまでになったのです。ヒラリーのように潤沢な資金はありませんから、大手メディアで広告を大々的に打つとか、テレビコマーシャルをガンガン流すとか、そういうことはできないし、するつもりもありません。その広告費で、教育費や社会保障費がどれだけ賄えると思いますか? 私たちは、アメリカの選挙制度そのものを変えたい。バーニーとともに革命を起こしているのです」と、リサさんは話してくれた。

普段は不動産関係の仕事についているというエリ・ソメックさん(三二歳)は、

この二週間、有休を取ってボランティアに参加しているという。

「今週は四〇時間もボランティアしました！　こんなに熱くなったのは生まれて初めて。本業にさしさわるほどです（笑）。バーニーのことは、去年の夏に知りましたが、今回（大統領になること）を逃したら、後があるかどうかわからない。だから、私も、ここにいるみんなも必死になっています。

一軒一軒お宅を訪ねて勧誘する戸別訪問も、慣れるまではたいへんでしたが、いろいろな人がいるので面白いです。中には『自分はヒラリーを支持しているが、友人はバーニーを応援している。友人がなぜバーニーを支持するのか、その理由がわからないんだけど、教えてほしいから上がっていけ』と言われ、自宅の中にまでお邪魔して、その初老の男性とディベートになったこともあります。最後はお互い頑張ろう！　と言って別れました。やりがいと誇りを感じていますね」と、ソメックさんは語ってくれた。

なぜ、どのように電話勧誘をするのか

電話にせよ、自宅を訪問するにせよ、どうしてそんな個人情報が手に入れられるのだろうか。また「バーニーに投票して！」と呼びかけることが有効なのだろうか。そんな疑問を持ちながら取材をしていたが、どうも私が考えていた「勧誘＝票集め」というイメージと実際とは、違っていたようだ。

まず、電話勧誘の方法を説明しよう。

州によって多少のルールの違いはあるが、アメリカでは、選挙に参加するためには、自分で有権者登録の手続きをする必要がある。これは、どんな選挙にも共通しているものだ。

予備選挙の場合、過去に有権者登録をして投票したデータがインターネットに公開されていてダウンロードできるようになっている。名前、住所、電話番号はもちろんのこと、年齢や支持政党、過去にどの党に投票したかまでデータ化されているのだ。アメリカでは、投票データは公的な情報として扱われていて、選挙の際に活用できるという。日本人から見れば、個人情報の扱いはいっ

サンダースの草の根選挙運動

サンダースの選挙事務所。個人の住宅（左）だったがその後もっと広い場所（右）に移転した。「バーニーの活動を支えているのは、個人の小さな善意からなる寄付金です。1ドルから始まる小さな単位のお金の積み重ねで、事務所を開けるまでになったのです」

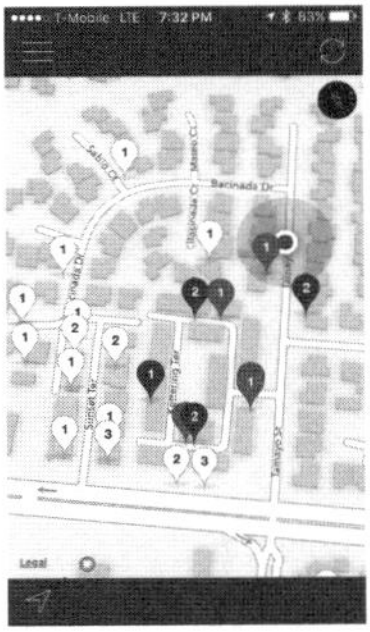

戸別訪問は、電話勧誘で得られた情報をもとに作成された地図データ（左）をもとに、1軒1軒訪ねて回る。戸別訪問の結果は即座にスマートフォンから入力してデータ化していく。ニューヨークでは、基本的には2人1組で、交通の便が悪い場合は、ドライバーも含め3人1組のチームで行動する。

たいどうなっているのか、セキュリティはどうなっているのかと、驚かざるを得ない。

このデータの中から、民主党なら民主党の支持者をリストにして、それを見ながら電話をかける。パソコンと電話は連動していて、電話番号をクリックするだけで相手先に電話がかかる。リストは一人の情報が一画面にまとめられていて、チェック項目やメモ欄が設けられている。そうしたソフトも開発されているのだ。

電話をかけたら即座に断られた、留守だった、家族は出たけれど本人は(学業のために転居して)不在だったなど、電話で得られた情報を項目ごとにチェックをして、その場でデータベース化していく。

電話ではどんなことを話すのだろうか。サンダース以外を支持している、例えば同じ民主党でもヒラリーを支持していると電話の相手が言った場合には、どうやって説得するのだろうか。そんなことを考えながら、電話の様子を聞いていたら、「あっ、ヒラリー支持ですか。わかりました。今夜も素敵な夜をお過ごしください」などと言って、さっさと切ってしまう。理由を聞くと「そんな時間がかかり、効率が悪いことはしないのよ」と、前述の自宅を開放しているレズリーさんは言う。

では、どういうときに電話を粘るのか。レズリーさんによれば、例えばサンダースの電話勧誘の場合は、電話の向こうの人物がサンダースの支持者であるか、誰に入れるか迷っているときだ。

サンダースの支持者の場合には「うれしいわ、私と同じね。バーニーの政策を多くの人に理解してもらうために頑張りましょう！」などと言いながら、相手に念押しをして票を確実なものにしていく。

一方、無党派だとか、決めかねている、という人の場合、「バーニーに投票して！」と直接的なお願いをするのではない。まず、どこの州に住んでいるのかを確認し、その州の予備選挙に参加する方法をきめ細かく説明して、選挙に行くように促す。というのも、それほどアメリカの選挙制度は州によって違いがあり、アメリカ国民一人ひとりでさえ、そのシステムがよくわかっていない場合が多いし、複雑過ぎるのだ。

予備選挙の投票の仕組み

例えば、ニューヨーク州の予備選挙で、バーニー支持者が投票したいと考えた場合を見てみよう。

ニューヨーク州の場合、去年の一〇月の段階で「私は民主党を支持します」という意思表示をしていないと、四月一九日に行われる予備選挙でサンダースには投票ができない。具体的には、過去に「民主党を支持する」と表明して有権者登録をし、予備選挙に参加していれば、何もしなくても投票に参加できるが、「共和党」をはじめ「緑の党」など別の党を支持するとか、「無党派」であるといった登録がしてあった場合には、一〇月の段階で「民主党支持」に変更する届けをしなければならないのだ。

予備選挙戦が始まったのは、今年の二月。サンダースの支持層は、もともと民主党の支持者という人もいるが、そもそも無所属だったサンダース自身が大統領選挙に立候補するために民主党の党員になったという経緯があるうえ、「サンダースの掲げる政策は私にも共感できるから、支持したい」という無党派の人たちが多い。つまり、サンダースの存在を一〇月の変更締切以降に知り、サンダースに投票したいと思っても、「民主党支持」の登録をしていなければ、予備選挙に参加できないのである。レズリーさんたちは、去年の九月から電話勧誘を始めたが、それはこのような予備選挙に参加するための複雑な仕組みやルールを知らない人が多いためなのだ。

ニューヨークの場合、半年も前に支持政党を決めていないと予備選挙での投票ができないので、「サンダースに投票したくてもできない」と残念がる人たちの声をよく聞いた。しかし、たとえ自分が予備選挙に参加できなくても、サンダースを支持したい、彼に大統領になってほしい。だからボランティアやデモ行進に参加しているんだ、という支持者の姿も多く見られた。

自分が予備選挙に参加できないなら、既に投票権を持っている民主党支持者を掘り起こして投票に行ってもらう。それも電話勧誘や戸別訪問の大きな目的だ。というのも、たとえ民主党支持者という登録をしていたとしても、実際に予備選挙に参加するのはそのうちの二割程度だと言われているからだ。前回、前々回は、オバマ大統領が候補者だったため、民主党に登録した人は一定数いるはずである。その登録者のうち、残り八割の人たちを掘り起こして、予備選挙に行ってもらう。そして、少しでもサンダース支持者を増やしたい。それが電話勧誘のねらいの一つでもあるのだ。

ニューヨーク州は、予備選挙のルールが最も厳しい州の一つだが、その一方、ミシガン州やオクラホマ州のように、民主党支持者でなくても、無党派の人でも、予備選挙の有権者登録さえしていれば、予備選挙で投票できる州もある。サンダースが勝利した州を見てみると、ルールで縛りが少なく、サンダース支持者が多い無党派の人にも投票権のある州が多い。また、獲得代議員の数は少ないが、党員集会という形で投票が行われる州でもサンダースが勝利した州が多い。それが、今回の予備選挙で長らくヒラリーを苦しめる要因となってきたし、サンダース人気を証明するものでもある。

ちなみに、ニューヨーク州の場合、新たに選挙権を得たり（一八歳以上）、別の州から転居してきたりした場合には、予備選挙当日のおよそ三週間前までに登録をすれば、予備選挙に参加することができる。こうした期日も州によって違う。

このように複雑な予備選挙の方法を有権者にわかってもらい、少しでも多くの人に投票所に足を運んでもらう。それがボランティアによる電話勧誘であり、予備選挙の票集めに非常に重要な役割を果たしている。

戸別訪問とはどんな活動？

戸別訪問は、電話勧誘で得られた情報をもとに作成された地図データをもとに、フライヤー（宣伝チラシ）を持って、一軒一軒訪ねて回るものだ。地図データは、専用のアプリを使ってスマートフォンで見ることができ、戸別訪問の結果を即座にスマートフォンから入力してデータ化していくことができる。電話でサンダースに投票すると言ってくれた人にはさらに念を押すために、迷っていると言っていた人には直接会ってチラシを渡し、その後気持ちに変化があったかどうかを聞くために、一軒一軒訪ねて回る。

ここでも、サンダースに入れるかどうかを決めかねたり、別の人に入れるつもりだ、と答えたりする人に対して、それ以上無理に説得するようなことはしない。「そうなんですね」と相槌を打ち、サンダースの政策が書かれているチラシを渡して「私たちはこうしたバーニーの政策を支持しています。よかったら読んでください」という程度で、その場から立ち去っていた。もちろん、反発を受けるような行動は取れないし、一日に八〇軒、多いときには一〇〇軒も訪ねて回るというのだから、一軒に対してそんなに時間はかけられない。ニューヨークの場合、基本的には二人一組で、地下鉄など公共交通機関を使って移動しながら行っていたが、交通の便が悪い場所の場合には、車で移動することになるのでドライバーも含め三人一組のチームで行動していた。

一緒に回っていて気づいたのが、訪問しても留守の場合、チラシを玄関のドアにはさんだり、玄関マットの下に置いたりしていて、目の前にある郵便受けには絶対に入れていかないことだ。「郵便受けがあるのにどうして？」と聞くと、「郵便受けは個人の所有物なので、そこに入れてはいけないルールなの」と言う。個人情報は公開してもいいのに、郵便受けにチラシを投函することはルール違反……このあたりもアメリカ独特のやり方のようだ。

複雑な選挙システムを乗り越えるサンダースへの期待

もう一つ、予備選挙に細かいルールがあることに気づいたのは、サンフランシスコの郊外の町、フリーモントでサンダース支援の戸別訪問に同行したときのことだ。六月七日のカリフォルニア州予備選挙の直前、スターバックスに集合した支持者たちが、公式につくられたサンダースのチラシに加えて、Ａ４の紙に自分でプリントしてきた文章を、その場で小さなメモ程度の大きさに切り分けていた。何が書いてあるのかを聞くと「カリフォルニア州では、民主党という登録でなくても、無党派と登録した人でもバーニーに投票ができるの。ただ、投票用紙にいくつか種類があって、投票用紙を間違えると無効票とされてしまうので、その説明も戸別訪問のときにしたいと思って。そんなことでせっかく投票した一票が無駄になってしまうなんて許せないから」と支持者は言う。

というのも、四月一九日に行われたニューヨーク州予備選挙では、数々の投票にまつわるトラブルがあり、中でもサンダースの生誕地ブルックリンで、一二万票を超える投票が無効になってしまった、という事態が発生した。「あの一二万票があれば、ニューヨーク州でバーニーは勝てたかもしれない」というのが、サンダース支持者たちの共通の思いである。

フリーモントのサンダース支援ボランティア代表のマヤさんは、一か月前からほぼ毎日、四〇～六〇軒の戸別訪問をこなしてきた。特に週末はボランティアに九～一〇時間を費やし、六月七日の予備選挙当日には、投票所でも案内や監視のボランティアをやることにしたという。

「投票日にトラブルが発生するというニュースが多過ぎます。しかも、バーニーに不利になるようなトラブルばかり。そんなことで大切な一票が無効になるなんて許せない。だから、自分にできることは何でもやりたいし、この目で確かめながらトラブルを未然に防ぎたいんです。それほど今回の予備選挙と大統領選びは大切だと思っています」と、マヤさん。

どうして、そこまで懸命になれるのだろうか。

「バーニーは大統領になりたいわけではないんです。ただただ、お金がすべてと考える今のアメリカではダメだ、お金がなくても政治活動はできる、とアメリカのために頑張ってくれている。自分の栄光のために汗水流して活動しているわけではない。そこに共感できるんです。

巨額の政治献金をウォール街から受けずとも、バーニーと私たちは立派に選挙戦を戦ってきました。それだけでも十分な成果です。だからこそ、バーニーに大統領になってもらいたい。数字の上ではヒラリーの勝利確実だと言われていますが、それもこれまでの選挙制度がヒラリーに有利なシステムだからです。少しでも革命を遂行できるよう、七月の民主党全国大会までバーニーと一緒に戦っていきます！」と、マヤさんは決意を語ってくれた。

ヒラリー・クリントンを支えるのは誰？

ヒラリー・クリントン。

この女性の名前を知らないアメリカ人はいないだろう。いや、国際的に見ても、今回の大統領候補者の中で、一番知名度が高いのは彼女だろう。

ファーストレディ、上院議員、国務長官、聡明な女性……。アメリカで取材中に、ヒラリーの支持者たちに彼女の魅力を聞くと、みな申し合わせたかのように、同じ単語を並べて彼女を称賛する。話を聞くたびに、ヒラリーはとても素晴らしい女性のように思えるが、同時に一抹の空虚感のようなものを感じた。それは、誰もが願っても手に入れられないものを、すべて手にした一％のエスタブリッシュメント（支配者層）に対する羨《うらや》みなのか、それとも嫉妬心なのか……。

ヒラリーが今回の大統領選挙に出馬したことは、アメリカ国民の誰もが理解し納得できることなのであろう。ただ、四月のニューヨーク州予備選挙を前に、ニューヨーク市内をいくら取材していても、こちらからヒラリーの名前を出して質問しなければ、彼女の話は話題にものぼらないし、名前すら出てこない。出てくるのは、ドナルド・トランプとバーニー・サンダースの名前ばかりである。

そして、ヒラリーの支持者以外に彼女のことを聞くと、みなこう答えるのである。

She is a liar.（彼女は嘘つきだから）

それは、主には、国務長官だった時代に機密文書を私的なメールアドレスから送ったことが取り沙汰され、ＦＢＩによる事情聴取という事態にまで発展した事件のことを言っているようだった。しかし、それだけではなく、「周囲の様子を窺《うかが》いながら、自分の意見をさりげなく変えている」「自分はＬＧＢＴの味方、なんて言っているけれど、前回二〇〇八年の大統領選に出馬したときには、同性婚に反対していたのに」といった声も聞こえてくる（ヒラリーが同性婚を認めると公に発言したのは二〇一三年)。世論調査の数字を見ていると、常に支持率トップを走っているのに、いったいどういうことなのか。

「お金のある人は来てちょうだい」というヒラリー陣営

もしかしたら、ヒラリーは一部の人からしか人気がないのだろうか……。取材を進めるうちに、そんなことを肌で感じるようになっていった。そして、それを裏付けるようないくつかの出来事に遭遇した。

まず、ヒラリー支持者の話を聞こうと、ニューヨーク市内で開かれる集会などの情報を集めようとしたが、女性支援や性差別に反対する団体の活動はいくつかあったものの、サンダースの支持者たちが行っているような、誰でも参加できる催しがなかなか見つからない。また、見つかっても参加しづらいのだ。それはどうしてかというと、お金がかかり過ぎるので、そもそも参加できない催しが多いのである。

例えば、有名シェフを招いての料理教室とディナーパーティーという催しがあった。その会費は五〇〇ドル！（約五万三〇〇〇円）から一〇〇〇ドル！（約一〇万六〇〇〇円）といった設定だ。つまり、「お金のある人は来てちょうだい」ということなのだろう。いくらその参加費の一部がヒラリー支援に充てられるといっても、一般の人には到底手が届かない。

また、六月七日のカリフォルニア州予備選挙の前日には、ロサンゼルスのハリウッド北部にあるグリーク劇場で、ヒラリー支援のコンサートが開かれた。ネットに公開された情報によると、一人あたりの入場料は、下は四五ドルから上は何と五〇〇〇ドル！（五三万円以上！）参加したアーティストも、スティーヴィー・ワンダーをはじめ錚々《そうそう》たるメンバーだ。Hillary Victory Fundと銘打ったこのコンサート、寄付額の目標は一万ドルとなっていたが、チケットは全席完売だった。

いったい誰がチケットを買ったのだろうか。もしかしたら、ヒラリー支持者ではなく、アーティストの熱烈なファンたちなのかもしれない……。

分断されたアメリカ社会の姿

入場できるはずもない私であるが、開場時間の一七時に合わせて、グリーク劇場に行ってみた。来場者に話を聞こうと思ったのだ。

グリーク劇場は、ハリウッドサイン（HOLLYWOODの白い文字の大看板）を望む丘陵地帯の一角、緑豊かな公園の中にある。この日はカリフォルニアらしい快晴で、木陰のテーブルを囲んで、ビールやワインを片手にピクニックを楽しむ人たちの姿が目立つ。その人たちの姿をよくよく見ると、胸にはHillaryの文字が書かれたシールが何枚も貼ってあり、TシャツもHillaryのロゴ入りである！

とても上品な雰囲気のマダムが、私に微笑みかけてくれたので、話を聞いてみることにした。

「ヒラリーを支持しているわけ？　それは弁護士としても、ファーストレディとしても、政治家としても経験が豊富なこと。そして何より、さまざまな問題を深く理解していて、周囲とのバランスを取りながら、最良の方法を見出す能力があること。国際的に見ても、ヒラリーの名前は知られているし、評価も高いと思うわ。

バーニー？　彼は理想ばかり語っているから、若い人たちに人気があるんでしょうけれど、公立大学の授業料無償化なんて、できっこないわ。現実をわかって、実行してくれるのはヒラリーよ」と、穏やかな口調で話す。

しかし、ヒラリーは、ウォール街の企業などから多額の献金を受けているため、そうした大企業からの影響を無視できないのではないか。なぜ、そんなに多額のお金が選挙に必要なのか、と聞くと、彼女は動じることなく、落ち着いた口調でこう言った。

「だって、選挙ってお金がかかるものよ。だから応援してくれる人からの寄付を募る。それの何がいけないのかしら？　Ｅメールの問題だって、それ自体が新しいツールだから問題視されてしまうのかもしれないけれど、どんな質問にだってヒラリーはちゃんと答えるわ。だから大したことはないと思うけれど」

臨時駐車場には、どんどん車が入ってきて、劇場前には、開場を待つ人たちが長い列をなしていた。車にもヒラリーのシール、胸にはヒラリーのバッジ……。私の予想はまったく外れていた。こんなに入場料の高いコンサートでも、チケットを買ってヒラリーを応援したい。そういう人たちが一定数存在する。それもまたアメリカという国なのだ。

ヒラリーの支持者に話を聞くと、大抵の人がもともと民主党の支持者であり、夫であるビルの大統領としての功績を高く評価している人が多い。一方、サンダースの取材で見えてきたのが、彼は大統領選挙に出馬するために無所属から民主党員となったけれど、支持者は圧倒的に若い無党派層が多いこと、無党派層でも投票できるルールの州の予備選挙や党員集会ではサンダースが勝つ確率が高いこと、などである。

つまり、ヒラリーの場合、サンダースのような草の根運動をする必要はなく、従来の民主党支持者の票さえガッチリつかんでおけば、予備選挙はパスできるのである。実際、ヒラリーの支持率は、四〇代以降の年齢層でグッと高くなり、

カリフォルニア州の
ヒラリー支援コンサートの参加者たち

1人あたりの入場料は、下は45ドルから上は何と5000ドル！(50万円以上！)
寄付額の目標は1万ドルで、チケットは全席完売だった。
参加したアーティストは、スティーヴィー・ワンダーをはじめ錚々たるメンバー。

「ヒラリーを支持しているのは、様々な問題を深く理解していて、最良の方法を見出す能力があること。国際的に見ても、評価も高いと思う。選挙ってお金がかかるものよ。だから応援してくれる人からの寄付を募る。それの何がいけないのかしら?」

スーパーマリオブラザーズに扮して、ヒラリー支援に駆けつけた民主党支持者の兄弟。「トランプに勝てるのはヒラリーしかいない」(兄・右)
「僕はバーニーも好きだよ。でも勝つのはヒラリーだね」(弟)

二〇代〜三〇代にかけては低い。だから、党ごとの大統領候補者を決める予備選挙の段階では、民主党では圧倒的にヒラリーが有利なのだ。

こうして見てみると、時同じくして、ロサンゼルスの街中にある小さなライブハウスで、五〜八ドルの入場料（寄付金）を募り、駆け出しアーティストのコンサートを開いていたサンダースとの「違い」を感じざるを得ない。

クリントン夫妻とニューヨークでニアミス

ニューヨークにおけるヒラリーの支持者には、アイルランド系（アイリッシュ）の人たちもいる。ニューヨーク州の人口のおよそ一割強は、アイリッシュ系だと言われているが、ニューヨーク州予備選挙の前夜、そのアイリッシュ系のヒラリー支持者が中心になったパーティーが、マンハッタンの中心部、グランドセントラル駅近くにあるアイリッシュパブで開かれた。実はこのイベント、二週間前にネット上に告知されたときには、参加費が二五〜二〇〇ドルに設定されていた。しかし、三日前になって、無料の案内として再度告知があった。

どうやら完売とはいかなかったようだ。

同じ時間帯にサンダースの集会が重なったため、最初からは参加できなかったのだが、イベントに行ってみると、お忍びでクリントン夫妻が現れたというではないか!!

残念と思いつつ、結局、正式に申し込んで許可を得ていなければ、店内の奥に設けられた特設会場には入れなかった様子だったので、気を取り直して参加者たちへのインタビューを試みた。

ドレスアップをした参加者たちは、どう見ても一％のエスタブリッシュメントの人たち。返ってくる答えも優等生そのもので、決して他の候補者たちの悪口を言わないところが何とも言えず、彼らの立ち位置を表しているように思えた。

私が声をかけた三人組の男女は、三〇代かと思いきや、三人とも二〇代後半。一人の女性は広告代理店、あとの男女はニューヨークでも著名な会計事務所に勤めているという。

「労働者や女性の権利について、きちんと考えてくれるのがヒラリー。オバマケアもステップアップさせてくれると思う」（二九歳の会計士女性）

「外交問題が重要課題。ＩＳＩＳ（イスラム国）の問題もヒラリーなら解決に導いてくれる。なぜなら、われわれの祖国、アイルランド紛争もビルと二人で解決し、平和をもたらしてくれた。私はバーニーも好きだけれど、今日、ヒラリーに会って印象が変わったんだ。テレビだと鋭いイメージだけど、実際に会うといい人そうだったよ」（二八歳の会計士男性）

「今のアメリカには団結力が必要。人の怒りを買うようなことを言うのではなく、人種を超えて、皆が協力していかないと、国際社会の中でアメリカの存在を示していけなくなると思う。ヒラリーはいつでもポジティブだから、そこに期待したい」（二八歳の広告代理店女性）

電話勧誘に集まるヒラリーの支持者たち

ヒラリーの支持者は、やはりお金持ちなのだろうか。

ウォール街のヒラリー支援のボラティア事務所で電話による勧誘活動(Phone Bank)をする人たち

会議室2つ分を占める選挙事務所には、
40代〜60代を中心に支持者20人ほどが集まり、
静かで落ち着いた雰囲気の中で、パソコンを見ながら電話をかけていた。

「ヒラリーはリアリスティックなの。何が実現可能か深く理解しているし、共和党とうまくやっていく術も持っている。トランプなんてとんでもない!」(ナンシー・グロスマンさん[70歳]は、元弁護士)

「ヒラリーは顔も広い。いいことをたくさんやってきている。ヒラリーに多額の献金をする企業をどう思うかって?　当たり前だよ、ヒラリーの話は有難いんだから、お金を払ったって聞きたいんだ。」(マーティン・マルコウィッツさん[62歳]は、HIV新薬の開発者)

そんな疑問を抱きながら、ウォール街にあるビルの一角で行われていたヒラリー支援の電話勧誘のボランティア事務所を訪ねた。会議室二つ分を占める選挙事務所には、四〇代~六〇代を中心に支持者二〇人ほどが集まり、静かで落ち着いた雰囲気の中で、パソコンを見ながら電話をかけていた。

ナンシー・グロスマンさんは七〇歳で、元弁護士。ニューヨークのブルックリン出身で、現在はマンハッタンに住んでいる。自宅から近いので、先週(ニューヨーク州予備選挙の一週間前)から数回、この事務所に足を運び、一回二時間程度の電話勧誘をしている。

「忘れもしない、一九九二年のことよ。ビル・クリントンが大統領に立候補したときに、ペンシルベニア州で一緒にいたヒラリーに出会ったの。ビルの隣でしゃべっていたんだけれど、すごく賢いことがわかったわ。

アメリカの大統領には、私より頭のいい人になってもらいたいの。私もヒラリーと同じ弁護士だし、彼女の方が二つ年下だけど、私の時代には到底入れないトップクラスの大学を彼女は出ているのよ!

ヒラリーは、ニューヨーク選出の上院議員だし、彼女はリアリスティックなの。何が実現可能で、何が不可能か、ということを深く理解しているし、共和党とうまくやっていく術も持っている。トランプなんてとんでもない！　だから、ヒラリーになってもらうしかないのよ」と、ナンシーさんは言う。

ニューメキシコ州出身で、ニューヨーク在住二二年になるという、モナ・ルイーズ・ハイアーさんは、パートタイムで企業の顧客リスト管理の仕事をしている。週四日の仕事なので、それ以外の日を一日二時間程度ボランティアに充てていて、この日は五回目のボランティアだと言っていた。

「二〇〇八年にヒラリーが立候補したときに、私は彼女のサポートを何もしていなかったの。彼女が民主党の代表になれなかったときには、本当にがっかりして……。だから、今回は彼女のために、できる限りのことをしたいと思っています。

ヒラリーは、弱い立場にある人の気持ちをとてもよくわかってくれる人。

二〇〇一年九月一一日のアメリカ同時多発テロのときに、人々の救出活動に尽力した消防士や警察官の人たちがいましたよね。彼らがその後、体調を崩したときに、ちゃんと補償をしてくれたのがヒラリーでした。

ヒラリーは共和党の人たちからも、尊敬されています。彼女だったら、ちょうどいい具合に調整しながら、うまく政治を進めてくれる。電話勧誘は、相手にすぐに切られたり、スペイン語しか話せない人だったりすることもあって、とても疲れるけれど、何とかヒラリーの良さを皆さんに伝えたいと思って。彼女がアメリカ大統領になるまでは私も頑張ります！」

インタビューを進めるうちにわかってきたのは、やはりヒラリーの支持者は、一定のレベル以上の生活を送っていて、安定した仕事についている人が多いということだ。

ヒラリーの支持者はサンダースをどう見ているのか

マーティン・マルコウィッツさん（六二歳）は、仕事時間が自分で調節できるというので、一日三回に分けて、一回二時間で一日合計六時間程度のボランティアをしているという。

「だいたいね、バーニーは嘘つきだよ。できもしないことを言ってばかり。何年も上院議員を務めているクセに、自分の主張してきたことのいったい何を形にできたというのか。何もしていないじゃないか。

その点、ヒラリーは顔も広い。いいことをたくさんやってきている。ヒラリーに多額の献金をする企業をどう思うかって？　当たり前だよ、ヒラリーの話は有難いんだから、お金を払ったって聞きたいんだ。バーニーの話を誰が聞きたいというんだ？　お金を払ってまで聞きたいような話じゃないということだよ。

バーニーを支持している若者たちは、選挙のルールを変えたがっているけれど、そんなのおかしいよ。だいたい、民主党から立候補しているのに、それじゃあ民主党をリスペクトしていないも同然だ。私は昔から民主党を支持してきたし、バーニーだって民主党のルールに従うのが筋ってもんじゃないかい」と、熱弁をふるってくれたマーティンさんに、職業を聞くと……。

「私？　ＨＩＶの薬を開発しているんだ。私の名前をググッてごらん（筆者がその場でスマホで検索）。ほら、たくさん出てきただろう。世界中で仕事をしているし、クリントン基金には、ＨＩＶの新薬開発のためのサポートをしてもらっているんだ。ビルとも四回ぐらい直接しゃべったことがあるけれど、彼は素晴らしい人物だね。ＨＩＶの解説をしてあげたよ」

やはり、彼もエリートだ。

ただ、マーティンさんのアメリカ大統領に対する要望を聞くと、必ずしもサンダースの政策を否定しているわけではないようだ。

「一番は、地球温暖化対策だね。私は科学者だから環境問題が気になるし、そこはバーニーの意見も悪くないと思っている。二番目は、社会保障。オバマケアをもっと発展させないと。三番目は、上院議員を入れ替えたい。オバマ政権の二期目は、共和党員にことごとくＮＯと言われるばかりで、政策に関して何も進まなかった。そうした状況を何とかしたい。

だから、それができるのは、ヒラリーだけ。ヒラリーしかいないんだよ！」と、最後はヒラリーへの思いを語ってくれたマーティンさん。

「ひと仕事終えたら、夜にまたボランティアに来るから」

そう言い残して、彼は事務所を後にした。

予備選挙のカギを握る「特別代議員」という制度

カリフォルニア州予備選挙の直前、現地でテレビを見ていたら、各局のニュースが一斉に「ヒラリー勝利確実」という速報を流し出した。六月七日の火曜日は、最後の「スーパーチューズデー」とも言われ、候補者選びの天王山だ。全米で最も多い四七五票という大票田のカリフォルニア州をはじめ、ニュージャージー州など全部で六州で予備選挙が実施される。

それまでにも、ヒラリーが一方的に勝利宣言めいたことをしたり、カリフォルニアでの決戦を前に、ヒラリー側がサンダースとの公開討論会を拒否したり、ということがあった。ヒラリーは、民主党の大統領候補は自分に決まったも同然だから、ディベートなどは必要ない、という姿勢を見せたのだ。もしかしたら、ディベート対決で不利になることを恐れていたのかもしれないが。

しかし、カリフォルニア州予備選挙の直前というタイミングで、どうして「ヒラリー勝利確実」という速報が流されたのか。

そこには「特別代議員」の票が、大きく影響している。

日本のニュースでも、アメリカ大統領予備選挙のニュースが流れるたびに「ヒラリーは、対抗のサンダースとかなり票差があって『代表は確実』と言われているのに、どうしてなかなか『決定』しないのか」と思っていた人もいるのではないだろうか。実はその票差を作っていたのが「特別代議員」の票なのである。


各州における予備選挙や党員集会で行われているのは「一般代議員」を選ぶこと。一般代議員は、候補者の各州での得票数によって獲得人数が決まるが、民主党の場合には、基本的に比例配分となっている。そして、各候補者が獲得した一般代議員は、七月に開かれる全国党大会で、予備選挙や党員集会の結果を受けて、あらかじめ決められた候補者に投票しなければならない。

例えば、ニューヨーク州で獲得した一般代議員の数は、ヒラリーが一三九人、サンダースが一〇八人。一般代議員は、ニューヨーク州の民主党員や地元の有力者の中から選ばれるが、立候補の場合も推薦の場合もある。選ばれた一般代議員は、七月の全国党大会に出席して、あらかじめ決められた候補者に形式的に一票を投じるわけだ。

一方、「特別代議員」は、アメリカ連邦議会上下院議員や州知事からなる。全国党大会の前から、自分がどの候補者を支持するか、ということを表明している場合が多いが、特別代議員は全国党大会当日に候補者を決めて、その時点の自分の意思で自由に投票することができる。つまり、それまでヒラリーに投票すると表明していたとしても、党大会当日に自分の気持ちが変われば、サンダースに投票することもできるのだ。

「特別代議員」への働きかけ

カリフォルニア州予備選挙直前に流れた「ヒラリー当確」のニュース（AP

通信）は、この「特別代議員」に対する慎重な聞き取りを行った結果、ヒラリーに投票すると答えた数が五八一人となり、一般代議員の数と足すと、六月七日の予備選挙の結果を待たずとも、どう計算してもヒラリーが民主党の代表候補者となるための過半数＝二三八三人の代議員を獲得できる、というものだった。民主党代議員の数は、一般代議員が全体の約八割で四〇五一人、特別代議員が七一四人で全体の約二割を占める。

一方、サンダースを支持すると表明している特別代議員の数は四九人。この時点で、獲得した一般代議員の数でヒラリーに三〇〇人あまりの差をつけられていたサンダースだったが、ヒラリーとて一般代議員の数だけでは過半数には達しない。それに、特別代議員たちが、党大会当日にサンダースに寝返らないとも限らない。最後の最後まで、この特別代議員たちの切り崩しに努力する、と考えているのがサンダース側だったのだ。

もちろん、サンダース当人も「いっぺんに三〇〇人の特別代議員の気持ちを変えられるとは思っていない」と言っている。ただ、わずかな望みだとしても、特別代議員たちを説得するに足る秘策が残されていることも確かなのだ。

　その秘策とは何か。

　特別代議員は、上下院議員や州知事から選ばれた人たちだ。中でも下院議員の場合には、二年で改選となるので、今年は彼らにとっても選挙の年になる。下院議員は各州選出であるので、例えば、サンダースがヒラリーに勝った州では「私たちの州ではサンダースを支持したのに、どうしてあなたはヒラリーを支持するのか。党大会でサンダースに投票しないのなら、私たちも下院議員の選挙ではあなたに投票しない」と言って、サンダースを支援する人たちが、特別代議員に揺さぶりをかけている、というのだ。

　もちろん、下院議員側も、そんなことですぐに意思を変えるとは思えないが、頭痛のタネになっていることは確かである。

　しかし、特別代議員一人ひとりに慎重な取材を重ねた結果として出された「ヒラリー当確」のニュースだ。何でこのタイミングでこのニュースを流すのか、マスコミ側の人間は一％側の立ち位置にいるから、やはりヒラリーに有利なニュースを流して、彼女に大統領になってほしいのか、そんなにトランプを阻止したいのか……など、さまざまな思いが頭の中を駆け巡ったが、私にとって直近の問題は、カリフォルニア州予備選挙当日まで予定していた、サンダース支持者への取材である。

「ヒラリー当選」報道もどこ吹く風のサンダース支持者たち

こんなニュースが出てしまって、みな意気消沈してしまっているのではないか。これから先、彼らはどうするのだろうか……などとあれこれ心配をしながら、電話勧誘のボランティア事務所に足を運んだ。場所は、ロサンゼルス市内にある、サンダース支持を表明している看護師たちの団体の関連施設だ。

六月五日の夜、事務所に入ると、一〇人ほどの人たちが、電話をかけたり、チラシの整理をしながら、笑顔であれこれ話をしている。お通夜のような雰囲気を覚悟していった私の先入観は何だったのか。

見慣れないアジア人の来訪者である私に「こんばんは、ボランティア希望ですか？」とスタッフの一人が声をかけてくれた。取材の目的などを簡単に話すと、そばにいた若い女性が話をしてくれるという。

おそるおそる「ヒラリー当確のニュースが出ましたよね？」と話を切り出すと、

「特別代議員でしょ？　あんなの信じていないし、相手にしていないわ！　マスコミはみなヒラリーの味方。バーニーがいくら頑張っていたって、大してニュースで取り上げてもくれないもの。まあ、私たちにはSNSがあるけどね。SNSを見れば、バーニーがどれほど人気があるかがわかるってものよ！」

サンダースがいかに素晴らしい人物か、話しだしたら、もう止まらない。彼女はジェシカさん（二七歳）。子どもの本の編集者をしているという。

「特別代議員の数で水増しして、勝った、勝ったって言っちゃって。私たちは、ヒラリーみたいにお金を山積みしなくたって、ここまで頑張ってこられたんだもの。全国党大会まで戦うって、バーニー自身が言っているんだから、全力で戦うのみ、よ！」

パレードに参加するLGBTのサンダース支持者たち

LGBTの人たちにも、熱烈なサンダース支持者がいる。

同じ時期、サンフランシスコから南へ車でおよそ三時間、フレズノという町で行われたLGBTのパレードを見に行った。実はサンフランシスコという地域は、一九六〇年代にはヒッピー（既成の価値観を否定し、自然回帰を唱える人たち）発祥の地として知られ、LGBTの人たちの活動も盛んだという。

フレズノのパレードは、チームごとの参加で、コンテストなどもあるという。思い思いのコスチュームに身を包んで、町の目抜き通りを練り歩く。一〇時の開始前から、沿道は見物客で埋め尽くされていた。

七〇組あまりの参加チームの中で、サンダース支持者たちは後半に登場した。チームの人数は八〇人ほどで、Bernie のロゴが入ったTシャツを着たり、レインボーカラーのコスチュームを着た若者の姿が目だつ一方、初老の夫婦が手をつなぎ、普段着で参加していた。まさか、この夫婦はLGBTではないだろう、と思いながら話を聞こうと近づくと、男性の被っていた帽子の正面に

カリフォルニア州のLGBTパレードのサンダース支持者たち

女子高校生３人組。「私たちはトランスジェンダーだから、お腹の部分が紫色のタンクトップを着てきました！　バーニーは私たちのように、自分の性別に心の中で悩んでいる人たちの存在をわかってくれる！　だから応援しています！」

ベトナム戦争の退役軍人夫妻。「どんなことがあっても、もう戦争はこりごりだ。バーニーは政治家として活動を始めてから一貫して戦争には反対しているし、社会的な少数弱者の人権も昔から認めてくれているから応援に来た」

“Vietnam Veteran”という刺繍がほどこしてある。
「そう、私はベトナム戦争に行っていたんですよ。どんなことがあっても、もう戦争はこりごりだ。バーニーは政治家として活動を始めてから一貫して戦争には反対している。ＬＧＢＴのような社会的な少数弱者の人権も昔から認めてくれているしね。車で三〇分ほどのところに住んでいるから、今日は妻と一緒にパレードに参加して、バーニーを応援しようと思ったんだよ」と、話してくれた。

近くにいた女子高校生三人組は、いわゆるトランスジェンダー（心と身体の性別の差に違和感を抱く人たち）だという。

「私たちはトランスジェンダーだから、今日はお腹の部分が紫色のタンクトップを着てきました！　バーニーは私たちのように、自分の性別に心の中で悩んでいる人たちの存在をわかってくれる！　だから応援しています！」

「もちろん、平和主義や公立大学の学費無償化といった政策も素晴らしいわ！」

「お金持ちとの格差をなくそうと本気で考えているブレない政治家は、バーニーしかいないもの！　ずっと応援し続けるわ！」

最後まであきらめないサンダース支持者たち

六月七日、カリフォルニア州予備選挙当日を迎えた。ロサンゼルスのサンダース事務所ハリウッド支部に行ってみると、平日で選挙当日だというのに、みな必死に電話勧誘のボランティアを続けていた。スタッフも忙しそうで、なかなか声もかけられない。少しの間待っていたら、次から次に、人が入ってきて、受付に並んでいる。

「初めて来たのですが、何かお手伝いできることはありませんか？」

そう、ヒラリー当確と言われても、最後までサンダースを応援したい、という人たちが、続々とボランティアをしに来たのである。

「車で来たんですか？　じゃあ、スマホでこのアプリを開いて地図を出してください」

スタッフも慣れた様子で、スマートフォン片手に戸別訪問の方法を説明する。私の目の前でも、リタイヤ後と思われる男性と三〇代とおぼしき男性が、初対面同士だが二人一組になって、スタッフの説明に耳を傾けていた。

「ヒラリー勝利と言われても、全然驚くこともありませんでした。ただ、カリフォルニアは接戦だと聞いているので、もう居ても立ってもいられなくなって。もちろん、ボランティアは初めてです。フリーランスでメディアプロデューサーの仕事をしているので、今日は仕事を休みにしてここに来たんです」と、パトリックさん（三〇歳）は話してくれた。

パトリックさんは、ボランティア登録の書類を書き終えると、胸にBernieのロゴシールを貼って、もう一人の男性と町へ飛び出していった。

スタッフでインド系アメリカ人のマーナウさん（二七歳）は、昨夜は午前〇時過ぎまで事務所で働き、今朝は四時半に家を出て、住宅街をまわってドアノブにサンダースのフライヤー（チラシ）を下げてまわったそうだ。

「バーニーはユダヤ人で、祖父母もホロコーストに遭っているはずなのに、極端にイスラエル寄りの発言をすることなく、戦争反対を唱えているし、LGBTをはじめ人権を重視した差別撤廃者です。パナマ文書の問題も以前から指摘していたし、ウォールストリートに対する批判も一貫しています。

バーニーの支援をしていると、結局、経済格差が民主主義にも偏りを生じさせていると感じます。経済的にもう少しゆとりがあれば、世の中のことにも目を向けられるであろうし、民主主義に積極的に参加できるようになると思うんです。バーニーは敗れても第三の党から出馬することはないでしょうし、七月の党大会でヒラリーが代表に決まったら、私も本選ではヒラリーに投票するつもりです。ヒラリーも政治家として良いことをたくさんしてきていますから。

ただ、ヒラリーは政策にはっきりしない点がある。これだけバーニー支援の輪が広がったことを考えれば、バーニーの政策をヒラリーも無視はできないでしょうから、最後の最後まで私たちも戦って、民主党の政策の中にバーニーの主張をできるだけ盛り込んでもらえるように頑張りたいです」と、マーナウさんは語ってくれた。

ロサンゼルスの投票所で話を聞くと

午後になって、ロサンゼルス東部のラティーノが多く住む地域の投票所を訪ねてまわった。比較的貧困層の多いこの地域の人たちは、誰に投票するのだろうか。

母親と夫と投票に来た、メキシコ系アメリカ人女性のエルビアさん（四二歳）に話を聞いた。

「私は民主党支持者で、ヒラリーに。母もヒラリーに投票しました。でも夫は共和党支持者で、白票を投じに来ました。トランプにNOという意思表示です」

次に二二歳の大学生の女性二人に話を聞く。

「私たち、今ここで初めて知り合ったの！　二人ともバーニー支持者よ」

六〇代とおぼしき夫婦は、そろってヒラリーに投票したという。

「妻はもともとヒラリー、私はバーニーを応援していたけれど、昨日のニュー

大統領選挙予備選挙の投票所風景

ロサンゼルス東部のラティーノが多く住む地域の投票所

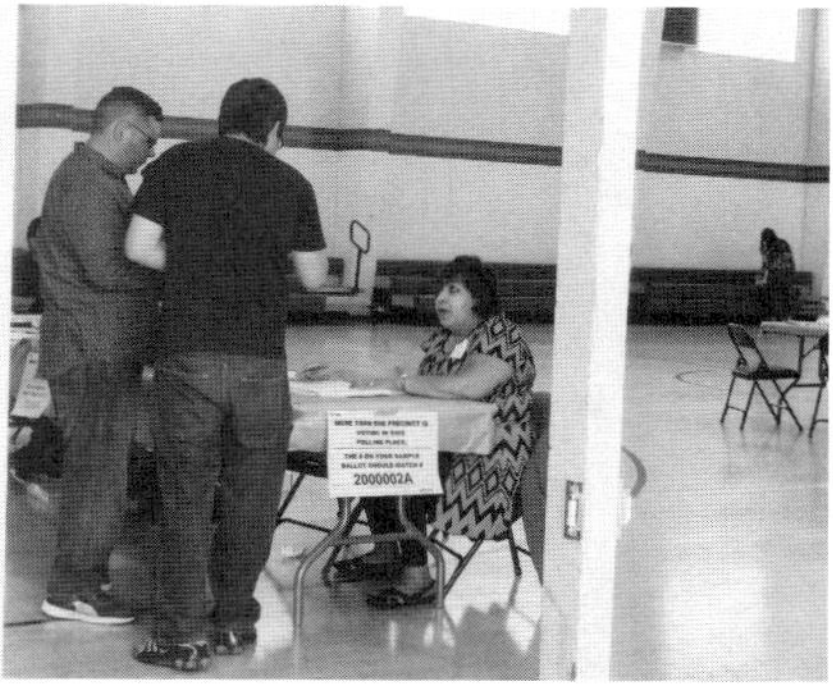

投票所は質素なつくり。地域の学校などが使われる。

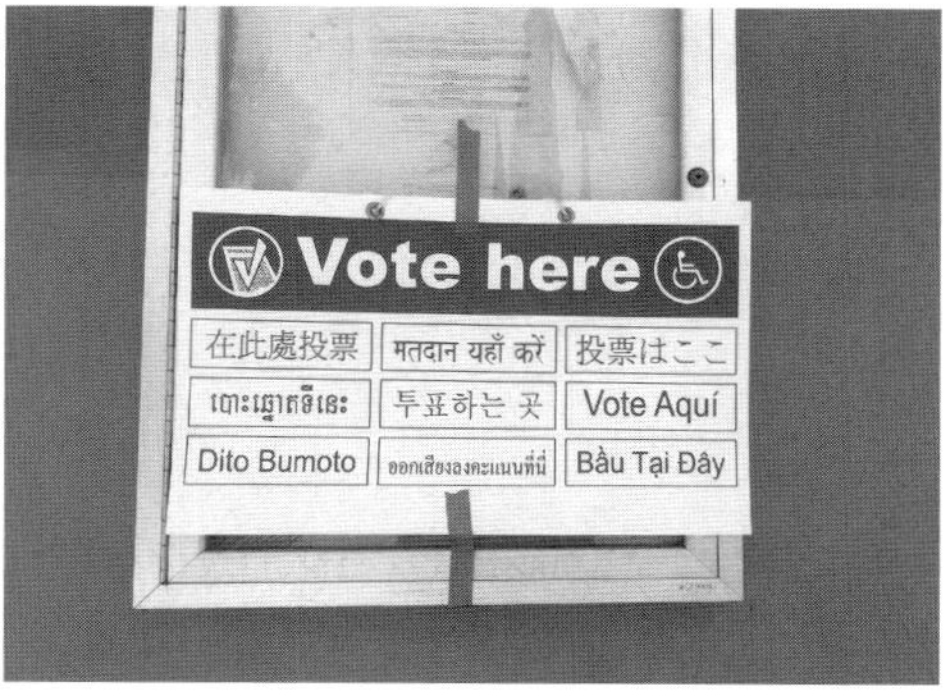

多言語で表記された投票所の掲示。
スペイン語や中国語のほか、日本語もある。

スでヒラリーが勝利確実だと聞いて、今日はヒラリーに投票した。残念だけど、トランプに大統領になってほしくないから、民主党も団結しないとね」

メキシコからの不法移民を締め出すという主張が影響してか、一時間程度の取材では足りなかったのか、この地域でトランプに投票したという声を聞くことはできなかったが、ここでは従来のデータ通りに、若者はサンダース、四〇代以降はヒラリーを支持しているような印象だった。

カリフォルニア州の得票は、ヒラリーが五五・八％、サンダースが四三・二％で、ヒラリーが勝利し、この日六州の結果は、ヒラリーが四勝、サンダースが二勝に終わった。ヒラリーはやっと勝利宣言をすることができ、アメリカ建国以来の歴史に女性大統領候補という新しいページを開いた。しかし、サンダースは、オバマ大統領とホワイトハウスでの会談に臨んだにもかかわらず、最後まで戦い続けるという姿勢を崩さなかった。

サンダースのぶれない姿勢と金をかけない選挙を実践し続けたことは、アメリカの大統領選挙の方法に一石を投じ、新たな歴史を刻んだと言えよう。

第2章

強大な力を持つ アメリカ大統領が選ばれるまで

池上彰

「大統領と首相は、どう違うのか」

四年に一度、夏季オリンピックが開かれるうるう年は、アメリカ大統領の選挙が行われる年でもあります。アメリカの大統領は、アメリカ国内で絶大な力を持つばかりでなく、世界中に大きな影響を及ぼす力があります。アメリカ大統領選挙が大きく報道される所以《ゆえん》です。

ここで、基本的なおさらいをしておきましょう。「大統領と首相は、どう違うのか」という点です。

簡単に言えば、大統領は国家元首であり、首相は行政の長です。例えばフランスや韓国、ロシアは、国民から直接選挙で選ばれた大統領が強い力を持ち、内政は、大統領が任命した首相が担当します。

一方、同じ大統領という職名であっても、ドイツやインド、イスラエルの大統領は、名誉職。いわば国民統合の象徴であり、実際の権力を持っているのは首相です。大統領は、国民の直接選挙ではなく、議会が選出します。国民が直接選出するわけではない分、権力は持っていないのです。

では、大統領が存在せず、首相だけの国はどうなるのか。例えばイギリス、オランダ、デンマークのような国々です。こちらは、女王ないし国王が国家元首です。

オーストラリアやニュージーランド、カナダも首相しかいませんが、こちらは英連邦。イギリスのエリザベス女王が国家元首なのです。とはいえ、議会の開会式などにエリザベス女王がわざわざ来るわけにはいきませんから、女王の名代である総督が、女王の役割を務めるのです。

となると、日本はどうか。大統領がいないで首相だけなのは、天皇の存在があるからです。天皇は日本の国家元首であるという明文規定はありませんが、海外からは国家元首として扱われています。

脱線していないで、アメリカの大統領に話を戻しましょう。アメリカには大統領しかいません。首相が存在しないという、非常に珍しい国です。大統領が国家元首であると同時に行政の長でもあるからです。大統領が毎週、各省のトップである長官を集め、閣議を開いています。だからアメリカの大統領は、強大な力を持っているのです。

大統領が連邦議会に来て演説をする際、議員たちは、大統領の演説を静かに拝聴し、終わるとスタンディングオベーションで応えます。大統領に野次を飛ばす人などいません。それは、大統領が国家元首だから。議員たちは、内心はともかく、国家元首である大統領に敬意を払っているのです。

以前、オバマ大統領が演説中、共和党議員が野次を飛ばしたことがあります。これは大問題になり、議員は謝罪に追い込まれています。

大統領の権限

アメリカ大統領は、各省のトップである長官を指名する権限を持っています。ただし、議会上院の承認が必要です。罷免《ひめん》するのは大統領独自の権限です。

連邦裁判所の判事の指名権も持っています。これも上院の承認が必要ですが。

大統領令を発令することもできます。法律を制定するのは議会の権限ですが、大統領が独自の命令を出し、法律と同等の力を持たせることも可能なのです。

アメリカ大統領は二大政党から誕生

ケネディからオバマまで約50年の軌跡。
民主党と共和党二大政党で政権交代を繰り返してきた。
大統領が２期８年務めたあとは政権党も交代することが多い。

民主党	共和党
35 **ジョン・F・ケネディ**（1961-63） — キューバ危機	
36 **リンドン・ジョンソン**（1963-69） — ベトナム戦争介入・北爆開始	
ニクソンショック	37 **リチャード・ニクソン**（1969-74）
	38 **ジェラルド・フォード**（1974-77）
39 **ジミー・カーター**（1977-81）＊人権外交	
レーガノミクス	40 **ロナルド・レーガン**（1981-89）＊強いアメリカ＋小さな政府
湾岸戦争	41 **ジョージ・H・W・ブッシュ**（1989-93）
42 **ビル・クリントン**（1993-2001）	
アメリカ同時多発テロ　イラク戦争	43 **ジョージ・W・ブッシュ**（2001-2009）
44 **バラク・オバマ**（2009-）	

（　）は大統領在職期間。名前の前の数字は就任順を示す。

極端なことを言えば、議会を通さずに大統領令を乱発すれば、大統領独裁に近いことも可能です。

大統領は議会に対して「勧告権」を持っています。大統領には議会に対する法案の提出権がない代わりに、議会に対して「教書」という形で法案制定を勧告するのです。年頭には「一般教書演説」が行われ、予算案の制定を求める「予算教書」もニュースになります。

議会は、大統領の「勧告」に基づいて、議会予算局の力を借りながら、予算案を作成します。

大統領が議会に対して強い力を持っている象徴は、「拒否権」です。連邦議会の上下両院を通過した法案は、そのままでは法律になりません。大統領のもとに送られ、大統領が署名して初めて、法案は正式な法律となります。

逆に言えば、大統領が署名しないで議会に差し戻すと、その法案は廃案になってしまいます。これが大統領の拒否権です。

ただし、議会の両院が、それぞれ三分の二の賛成で再可決した場合は、正式な法律になります。

立法権を持つ議会と、行政権を持つ大統領に、それぞれ権力を与え、三権分立を徹底させることで、権力のバランスを取っているのです。

ちなみに大統領の給与は年額四〇万ドル（約四四〇〇万円）です。これに必要経費五万ドル（約五五〇万円）、交際費一万九〇〇〇ドル（約二〇九万円）が支払われます。

さて、この金額は、アメリカ大統領としては、多いのか、少ないのか。絶大な権力を持っている超大国のトップとはいえ、とてつもない金額をもらっているわけではありません。

ただし、大統領を退任すると、講演依頼が国内外から殺到するのが通例です。大統領退任後、高額の講演料で稼ぐ元大統領もいるのです。

軍隊を動かせるのは大統領だけ

アメリカの大統領の何よりの権力といえば、それは軍の最高司令官だということでしょう。世界中に展開する陸海空軍と海兵隊に対する指揮権限を保持しています。

実は他国に対して宣戦布告する権限は議会が持っているのですが、軍隊を動かす権限は大統領が持っているので、結果的に大統領が独自に戦争を始めることができます。

大統領はまた、俗に言う「核のボタン」を押す権限も持っています。といっても、文字通りの発射ボタンを持っているわけではありません。大統領が行くところ、どこにも核ミサイルの発射指令を出すことができる通信機を持った軍幹部が付き添っているのです。

大統領になる資格とは

アメリカの大統領になれる要件とは、何か。まずはアメリカ人でなくてはなりません。当然ですね。ただし、途中で帰化、つまりアメリカ国籍を取得した人は、大統領になれません。

例えば俳優のアーノルド・シュワルツェネッガーは、オーストリア生まれでアメリカ国籍を取得したので、カリフォルニア州の知事にはなれましたが、大統領にはなる資格がないのです。

アメリカ大統領はアメリカ国内で生まれたことが条件です。ただし、アメリカ国籍を持つ両親から海外で生まれた人も大統領になる資格があります。

二〇〇八年に共和党の大統領候補になったジョン・マケインは、中米のパナマ生まれですが、両親がアメリカ人であり、父親が軍人だったことからパナマの米軍基地の中で生まれました。海外の米軍基地も、米国本土と同じ扱いで、「アメリカ生まれ」ということになりました。

今回の共和党の候補者選びでトランプと戦ったテッド・クルーズは、両親がアメリカ人ですが、父親の仕事の関係でカナダで出生しています。このため、共和党の予備選挙中、トランプが「クルーズはカナダ国籍だ。アメリカ大統領選挙に立候補する資格はない」と批判したことがあります。事実、クルーズはカナダ国籍も持っていたことがありますが、放棄していまして、アメリカ人として大統領選挙に立候補する資格があるとされました。

大統領選挙に立候補できる年齢は三五歳以上であり、なおかつアメリカに一四年以上居住していることが条件となっています。

大統領職の継承順位も決まっている

アメリカは危機管理がしっかりしています。大統領にもしものことがあれば副大統領が昇格することになっているのは、よく知られています。このため、大統領と副大統領が一緒に行動することはありません。同じ航空機に乗っていて墜落することがあり得るからです。

それでも、副大統領も同時に死亡するような事態に備えて、大統領の継承順位が一八位まで定められています。

大統領の次は副大統領、その次は下院議長、そして上院議長代理です。なぜ上院議長でないかといえば、副大統領が上院議長を兼ねているからです。

続いて、国務長官、財務長官、国防長官、司法長官……と、省の設置年の古い順に並びます。最下位の一八位は、国土安全保障長官。この職種は、二〇〇一年の同時多発テロ以後に設置された、新しいポストだからです。

継承順位は次の通りです。

大統領職の継承順位

大統領にもしものことがあれば副大統領が昇格する。しかし、副大統領も同時に死亡するような事態に備えて、継承順位が18位まで定められている。

1位 副大統領
＊大統領と副大統領は一緒に行動しない。同じ飛行機に搭乗することもない。

2 下院議長

3 上院議長代理

4 国務長官

5 財務長官

6 国防長官

7 司法長官

8 内務長官

9 農務長官

10 商務長官

11 労働長官
12 保健福祉長官
13 住宅都市開発長官
14 運輸長官
15 エネルギー長官
16 教育長官
17 退役軍人長官
18 国土安全保障長官

大統領選挙の投票日が火曜日のわけ

今年のアメリカ大統領選挙の投票日は一一月八日の火曜日です。随分と中途半端な日程です。これは、投票日が「一一月の第一月曜日の翌日」と決められているからです。なぜか。それは、アメリカがキリスト教国家として建国されたからです。

イギリスでの抑圧を逃れたキリスト教徒のピューリタン（清教徒）たちが新大陸に渡って植民地を開拓。やがてヨーロッパ各地からキリスト教のさまざまな宗派が渡ってきて、イギリスとの独立戦争を経てアメリカ合衆国を建国しました。キリスト教徒によって建国された国家なのです。大統領の就任式で新大統領が聖書に手を置いて宣誓する様子は見たことがあるでしょう。

日本の選挙の投票日は日曜日に設定されますが、建国当初のアメリカのキリスト教徒にとって日曜日は安息日。選挙などとんでもありません。

では、月曜日か。月曜日に投票となると、選挙管理委員会の人たちは前日から用意をしなければなりません。また、建国当初は、交通機関も発達していませんから、前日に馬車で投票所に出かける必要のある人もいます。こうなると、月曜日もダメ。かくして火曜日ということになりました。

一方で、アメリカは今も昔も農業大国。農繁期に選挙などやっていられません。収穫が終わった農閑期で、冬支度の前の時期が望ましい。となると、一一月上旬ということになります。

一一月上旬の火曜日なら、「一一月の第一火曜日」にすればいいようなものですが、これだと一一月一日になる可能性があります。一一月一日は、キリスト教徒にとっては「諸聖人の日」。こんな日に投票とはいきません。少なくとも一一月二日以降にしたい。では、「一一月の第二火曜日にするか。これだと一一月一四日になってしまう可能性があります。これでは農村地帯は冬支度に支障が出ます。

かくして、「一一月の第一月曜日の翌日」という、不思議な規定が生まれたのです。

「全米最初」は町興し

アメリカの大統領選挙は、二大政党である民主党と共和党の大統領候補同士の一騎打ちになることが一般的です。時折、第三勢力の候補が立候補して台風の目になることがあります。今回も、その気配がありますが、それについては、後ほど。民主党も共和党も七月に党大会を開き、党の大統領候補と副大統領候補のコンビを決定します。

党大会では、各州から集まった代議員たちが、誰を候補者にするか投票し、過半数を獲得した人物が、その党の大統領候補に正式に選ばれます。

その代議員は、どうやって選ばれるのか。それが、党員集会（コーカス）と予備選挙（プライマリー）です。

党員集会は、各地の学校や教会を会場に、その地域の党員たちが集まってきます。場所によって異なりますが、数十人から一〇〇人単位です。参加者たちは、自分が支持する人の応援演説をして、投票を呼びかけます。その上で、その場で投票。紙片を回して候補者の名前を書くこともあれば、支持する候補者

アメリカ大統領はどうやって選ばれるのか

党内手続（予備選挙）

党員登録 ➡ 選挙人登録

選挙運動

電話で選挙活動

個別訪問

民主党

州ごとに党員集会（コーカス）
または予備選挙（プライマリー）

⬇

一般代議員 決定＋特別代議員

⬇

民主党全国大会

共和党

州ごとに党員集会（コーカス）
または予備選挙（プライマリー）

⬇

一般代議員 決定＋特別代議員

⬇

共和党全国大会

7月

候補者が決まる

⬇

本選挙

有権者登録

11月8日

（各州で）一般有権者の投票

［大統領候補の事実上の当選確定］

12月

選挙人が投票

⬇

当選者決定

が共通する人同士がグループを作って集まり、人数を確認する場合もあります。これを州レベルで集計。票数に応じて、党大会に出席する代議員のうち何人を獲得するかが、決まります。

一方、予備選挙は、それぞれの党が用意した投票所で、本番さながらに投票します。全米で最初に党員集会を開くのはアイオワ州と決まっています。今回は二月一日でした。一方、全米最初の予備選挙はニューハンプシャー州と決まっていて、こちらは二月九日です。

この投票結果で、それぞれの州から選出される代議員が決まりますが、民主党と共和党では、選出方法が異なります。民主党は獲得票に応じて代議員が割り振られますが、共和党は、州により、代議員が割り振られる州もあれば、トップが総取りする州もあります。

例えば、ある州の民主党代議員数が一〇〇人だとしましょう。A候補が三万票、B候補が二万票を獲得すると、A候補は代議員六〇人を確保し、B候補は四〇人を獲得する、というわけです。

これが共和党ですと、代議員数は通常、民主党の半分程度なので、例えば五〇人だとしましょう。「トップ総取り」の州の場合は、C候補が三万票、D候補が二万票を取っても、トップのC候補が、代議員全員を獲得します。「ウイナー・テイク・オール」制です。

獲得した代議員の枠は、その候補の支持者で埋められ、夏の党大会に出席します。

アイオワ、ニューハンプシャーと、次々に投票が行われ、党大会に出席する代議員の過半数の枠を確保した候補が出た段階で、事実上、その候補が党の大統領候補に決まります。夏の党大会は、それを正式に決めるセレモニーに過ぎません。

では、なぜ全米最初の党員集会がアイオワで開催されるのか。

あなたは、アイオワと聞いて、場所が浮かびますか？　アイオワはアメリカ北部、五大湖の南西に位置する農業州。トウモロコシの産地です。人口は三〇〇万人。州都デモインは二〇万人に過ぎません。山口県の山口市とほぼ同じ人口です。

けっして有名ではない州。だからこそ、全米最初と決めたのです。大統領候補選びの初戦とあって、注目を浴び、世界中から報道陣が集結。候補者を目指す陣営の運動員も全米から集まります。

かくして党員集会が開かれるかなり前から、デモインのホテルは、モーテルも含めて満室。支持を広げるためにテレビコマーシャルを流しますから、地元テレビ各局は広告収入激増でバブル状態。地味な州は、このときだけスポットライトを浴びます。つまり町興しなのですね。

四年前、アイオワ州の党員集会は一月末に予定されていたのですが、アイオワばかりが脚光を浴びるのはずるいとばかり、他の州が一月に早めてきたため、アイオワは対抗して繰り上げ、新年早々の一月三日になってしまいました。前回、私はこれを取材するため、元日に成田を発たなければなりませんでした。

今回は、そんなことがないように、各州ともアイオワに敬意を払い、アイオワの後にすることにしたので、アイオワ州は党員集会を二月一日にすることができたのです。

アイオワの党員集会を取材してみると

アイオワの党員集会は一八四八年から始まりました。日本はまだ江戸時代。ペリーの黒船来航の五年前です。その頃から、自分たちの代表は自分たちで選ぶという民主主義の基本を実践していたのですね。

今回も、アイオワの党員集会を取材しました。党員集会は、学校や公民館、教会など一六八一か所を会場に、民主党と共和党双方が開きました。厳密に言えば、民主党は、参加できない人のための不在者投票を二か所で認めているので、計一六八三。共和党は軍隊内での集会を認めているので計一六八二か所なのですが。

党員集会に参加するには、事前の登録が必要ですが、一一月の本選挙の投票日に一八歳になるのであれば、現在一七歳でも参加できます。

開始時間は夜の七時。仕事を終えて自宅で夕食を食べてから参加できるように、この時間に設定されています。午後六時半。私が取材したリンカーン高校には、続々と党員たちが集まり、長蛇の列を作りました。同じ高校内でも共和党はホール、民主党はカフェテリアが会場です。

どちらも党員集会なので、同じ形式で進むと思ったら、大違いでした。共和党の集会は神への祈りから始まりました。アイオワ州の共和党員には福音派(エバンジェリカル)と呼ばれる敬虔《けいけん》なキリスト教徒が多いからです。

祈りが終わると、それぞれの陣営の支持者が、約一四〇人の参加者に投票を呼びかけました。アメリカの政治集会ですと、流暢《りゅうちょう》な演説をするイメージが強いのですが、末端の党員集会では、たどたどしく用意してきた原稿を棒読みする人もいて、その素朴さは微笑ましいものです。

応援演説が終わると、投票開始。司会者から配布された紙片に、意中の人の名前を書いて投票。その場で開票され、集計されます。その結果はドナルド・トランプが五五票、テッド・クルーズが四七票、マルコ・ルビオが三二票でした。この地区ではトランプの勝利です。票数は共和党アイオワ支部に報告され、

選挙応援グッズの1つ、缶バッジ

名前を連呼するだけでなく、スローガンやキャッチコピーまでさまざまなデザインがある。選挙グッズは候補の集会の場所で販売されている。

州全体で集計されます。その結果、州全体としては、クルーズが二七・六％、トランプが二四・三％、ルビオが二三・一％で、クルーズ勝利と発表されました。

一方、民主党は複雑でした。あまりに複雑で、担当者が実施マニュアルとにらめっこという場面がたびたびありました。

会場に集まった党員たちは、支持者ごとにグループを作って集まります。ヒラリー・クリントン、バーニー・サンダース、マーティン・オマリー（前メリーランド州知事）と、「未決定」のグループの計四つ。サンダースに集まったのは若い人が中心。ヒラリー派は高齢者が多いことが一目瞭然です。支持者の特徴が一目でわかってしまいます。

集会が始まると、各陣営ともに「未決定」グループにいる人の勧誘を始めます。私の目の前で、若い女性が「未決定」からサンダース支持に変わっていきました。民主主義を実感します。

こうして三グループにまとまると、それぞれの数を数えます。その結果は、ヒラリーが二二五票、サンダースが一六三票、オマリーが二二票でした。ここで、次のステップに進みます。

オマリーの票数は少ないため、グループとして存在することが認められませんでした。参加者全体の一五％以上を獲得しないと、解散を命じられ、別のグループに入るのです。多くがヒラリー陣営に移りましたが、「オマリーに入れられないなら意味がない」と怒って帰ってしまった女性もいました。

こうして再集計されると、その結果を民主党アイオワ州支部に報告します。前回の党員集会では共和党に集計ミスが出たこともあり、今回からは、民主党も共和党もスマホの共通のアプリを使って報告することになっていました。「ネットがつながらない」という悲鳴を上げながら、担当者が連絡を取っていました。

各地から報告された票数は、デモイン市内に臨時に設けられたメディアセンターの大画面に映し出されます。ところが、開票率が九四％を超えても、両者の票差は僅か。テレビ各社は「ツー・クロース・ツー・コール」（僅差過ぎて当確が打てない）と表現する始末。

結局、確定票が出たのは翌朝になってから。その結果、ヒラリーが四九・八％、サンダースが四九・六％、オマリーが〇・五％でした。

ヒラリーにとっては薄氷の勝利でしたが、サンダースにとっても接戦でほぼ引き分けという結果。このため、両者とも支持者を前に「勝利宣言」することになりました。

私が取材した地区から選出される代議員の数は一一人。獲得人数を比例配分し、ヒラリー派代議員が六人、サンダース派代議員が五人と割り振られました。人数が確定した段階で、司会が「代議員になりたい人？」と挙手を求め、自発的に名乗り出た人たちが代議員に選ばれました。

これで代議員選びは終了と思ったら、そうではありませんでした。選ばれた代議員は、二月一二日に開催される郡レベルの集会に参加。そこでさらに選抜された代議員が、三月一七日に開催される州レベルの代議員大会に参加し、最終的に七月の党大会に参加できる代議員を選出するというのです。これは共和党も同じでした。票数が出たからと言って、簡単に代議員が決まるわけではないのですね。

　これが本当の民主主義というものなのでしょうか。民主主義は手間のかかるものなのです。

大統領選挙は「大統領選挙人」を選ぶ

　こうして、民主党と共和党の候補者選びは続きます。その熱狂ぶりのレポートは増田さんに譲りますが、ここで、一一月の本選の投票について簡単に触れておきましょう。

　アメリカの大統領選挙は、よく「国民が直接大統領を選べる」と表現しますが、厳密に言うと、実は「間接選挙」なのです。各州に「大統領選挙人」が割り振られていて、この選挙人を選ぶ形です。

　選挙人の数は、州ごとに連邦議会の上院・下院議員の合計数と同数が割り当てられます。どの州にも属さない首都のワシントンには選挙人三人が割り当てられます。その結果、総数は五三八人です。

どうして、こんな形式になっているのか。それは、アメリカが、五〇のＳｔａｔｅが集まった連邦国家だからです。Ｓｔａｔｅを日本では州と訳していますが、要するに国家です。五〇の国家が、それぞれ大統領を選ぶ選挙人を選出するのです。

アメリカ建国当初は、読み書きができない国民も多く、どんな人物が大統領にふさわしいか判断する能力に欠けていると考えられ、大統領にふさわしい人物を選ぶことができる有識者を選ぼうということになったのです。

その選出方法は各州に任されました。州議会が選出すると決めていた州も多かったのですが、現在は、全国一律に州民が投票する形式になりました。

大統領選挙では、事前に有権者登録をしていないと投票できません。投票所では、大統領と副大統領の名前がペアになって、投票用紙に印刷されています。電子投票を導入している地区では、ＡＴＭのような画面にペアの名前が表示され、意中のコンビの方にタッチするのです。

五〇の州と首都ワシントンの計五一のうち、メイン州とネブラスカ州以外は、勝者総取り（ウイナー・テイク・オール）で、一票でも多かったペアが、その州に割り当てられた選挙人数を総取りします。

メイン州とネブラスカ州は、上院議員分の二人の枠は、州全体で最も得票数の多かったペアに割り振られ、下院議員分の枠は、下院議員の選挙区ごとに最多投票数のペアに割り振られます。こんなややこしいことになっているのは、上院は州代表、下院は州民代表という位置づけの違いからです。

大統領選挙人は、あらかじめ、「選挙人団」として全員の名前が選挙管理委員会に登録してあります。「ヒラリーに投票する」と誓約した選挙人団と「トランプに投票する」と誓約した選挙人団がいて、その州でヒラリーの得票数がトランプを上回れば、ヒラリーの選挙人団が投票する権利を得るのです。

選ばれた選挙人たちは、翌一二月に投票し、投票結果は翌年一月に連邦議会で開票され、過半数の二七〇票以上を獲得した候補が、正式にアメリカ大統領に就任します。

ただし、一一月の投票後の開票によって、どの候補が大統領選挙人を二七〇人以上獲得したか判明しますから、メディアはこの時点で「○○候補当選」と報道します。

ちなみに、投票する候補を事前に誓約しておきながら、一二月の投票で別の候補に投票する選挙人が、時折ありますが、それで結果がひっくり返った例はこれまではありません。

第3章

専門家ほど予測できなかったトランプ旋風

増田ユリヤ

番狂わせの大統領候補

アメリカ大統領選挙が世界を震撼させている。

みなさんご存じの通り、過激な発言がウリのドナルド・トランプが、共和党候補の指名を確実にしているからだ。

日本が駐留経費の負担を増やさなければ在日米軍を撤退させる。日本の核兵器保有を容認するといった、日米安全保障条約の見直しをも迫るような過激な発言に、日本政府までもが右往左往させられる状況が続いている。日本の政治家の名前は知らずとも、トランプの名前と顔は知っている、という日本の若者も多いのではないだろうか。

メキシコからの移民は麻薬や犯罪を持ち込むからと、メキシコとの国境に壁を作り、しかもその費用をメキシコに払わせる。イスラム教徒は完全に入国禁止にする。このようなトランプの人権を無視した人種差別的な発言の数々には、言葉を失うばかりだ。ごく普通の常識を持ち合わせた日本人なら「あんなおかしな人が大統領になるはずがない。なってもらっては困る」と思うであろう。

そして一方、「だけど、泡沫候補だった彼がなぜ、こんなにアメリカ国民の支持を得て、共和党の大統領候補になったのか」と思っているに違いない。

まさしく私もそう思ってきた一人であるが、だったらなぜこんなにまでアメリカ国民が支持するのだろうか。その答えを探すために、大統領候補者選びの予備選挙真っ最中に三回にわたってアメリカ取材に出かけた。

トランプの本拠地は、ニューヨークだ。五番街に燦然《さんぜん》と輝く金ピカのトランプタワーの持ち主でもある。これまで何度も事業を起こしては失敗を繰り返してきたが、それでもしっかり立ち直り、不動産王の異名を持つほどの敏腕ビジネスマンでもある。

そう考えると、単なる成金オヤジのようにも思えるが、熱狂的なトランプ支持者が話を聞かせてくれるというので、会いに行った。

「トランプはビジネスマンとしての手腕がある」

ニューヨークのマンハッタンから高速を飛ばしておよそ五時間。たどり着いたのは、エルマイアという町である。やっとたどり着いたというのに、それでもニューヨーク州の真ん中ぐらいまでしか来ていないというのだから、いかに一つの州が、アメリカが大きな国かということを思い知らされた気がする。このエルマイアに住むジュリアン・レイベンさんのお宅に伺った。夜七時半になろうかという時間、しかも初めて会う外国人の私を、ジュリアンさんとその家族は、温かく迎えてくれた。

「ようこそ！　長旅で疲れたでしょう。自分の家だと思って、遠慮しないでくつろいでくださいね」と、ジュリアンさんの妻のグローリアさんが声をかけてくれる。二人の間には、中学生の娘が二人と小学生の息子がいる。その子どもたちにも、きちんと挨拶をしてから自室に戻るよう促していた。しつけの行き届いた家庭である。

「私たちの家族は、ホームチャーチなんですよ」と、ジュリアンさんが教えてくれた。

ホームチャーチ（ファミリーチャーチともいう）とは、特定の宗派や教会に所属せず、家庭で聖書を読み、祈り、信仰するキリスト教徒のことだ。ジュリアンさんによれば、キリスト教徒の中でも原理主義に近い信仰を持っているという。つまり敬虔なクリスチャン一家である。

穏やかな笑顔でそう話すジュリアンさんが、なぜ過激な発言を繰り返すトランプを熱狂的に支持しているのだろうか。

「トランプの言っていることは、過激過ぎると思われる部分もあるけれど、正しいこともちゃんと言っているんです。マスコミはこぞってトランプの過激な発言部分だけを切り取って、ある意味面白おかしく、批判的にしか取り上げないけれど、共和党の他の候補者と比べても、誰より現実主義者で〝まとも〟です。

そして彼には、ビジネスマンとしての手腕がある。もちろん失敗も借金も重ねてきたけれど、それでもちゃんと立ち直ってきた。今のアメリカには、彼のような経営手腕を持った、現実を直視できる人物が必要なんです」

トランプの話が始まると、急にジュリアンさんの話しぶりも熱を帯びてきた。

どんな人がトランプ支持者になったのか

さて、そのジュリアンさんについて、少し説明しておこう。

ジュリアンさんは、一九七〇年生まれの四五歳。ロンドンで生まれ、二歳のときに家族でスペインに移り住んだ。若い頃は、酒とドラッグにおぼれ、信仰などまったくなかったそうだ。しかし、すさんだ生活を送っていたある日、スペインの片田舎にある山で神と出会い「目が覚めた」という。以後キリスト教に傾倒し、布教活動もかねて二六歳のときにカリフォルニアにいる友人を頼って渡米してきた。そしてそのまま米国に居ついてしまったという、れっきとした「移民」である。

その後、ニューヨーク州に移り住み、ある大学のベーカリーでペストリーを焼く仕事をしていたときに、そこで秘書の仕事をしていたグローリアさんと出会った。

「半年ぐらい、友人関係が続いていたのですが、突然『私と結婚しよう！』と言われたんです。キスはおろか、手さえつないだこともなかったのに、ですよ。

普通のアメリカ人の男女関係では考えられないですよね」。グローリアさんはそう言って、笑った。

突然のプロポーズのあと、一年間の交際期間を経て、結婚。三人の子どもに恵まれた。

敬虔なクリスチャンだったジュリアンさん一家は、子どもたちを学校には通わせず、ホームスクーリングという形で、自宅学習をさせていた。アメリカではよくある話で、学校で教える内容（例えば進化論）が、キリスト教の教えと相容れない場合もあるので、自分たちの理想とする教育を自宅で行うというものだ。子どもたちの勉強は、小学校の教員免許を持っていたグローリアさんがみていた。

一方、妻は子育てで手一杯のため、一人で家計を支えなければならなかったジュリアンさんは、古くからある近隣の町で世代交代が進み、古い家具がたくさん廃棄されていることを知り、その家具を回収して修理し、販売することを思いついた。

「これが思いのほか良い仕事になったんです。最初に修理を手掛けたクローゼットは、一〇〇〇ドルの値がつきました」と、ジュリアンさんは仕事を始めた頃のことを教えてくれた。

家具の修理とリサイクルから始まったジュリアンさんの起業は、注文を請け負って家具を作る仕事にまで発展していった。家具職人として特別な資格を持っていたわけでも、教育を受けたわけでもなかったが、最終的には、キッチン一式で五万ドルの作品を作るまでになった。当時の作品を掲載したカタログを見せてもらったが、カウンターの扉には木彫まで施してあり、ある意味芸術作品のような出来栄えである。

「われながら、いい商売になりましたよ」と、ジュリアンさんは言う。

しかし現在もその仕事を続けているのかと思いきや、二年半ほど前に「アーティスト」に転身したというのだ。

「人生の終わりを迎える前に、どうしても絵を描きたいというものですから」と、妻のグローリアさん。収入が途絶えてしまっては、生活も立ちいかないし子育てもできない。そこで、ホームスクーリングをしていた子どもたちをキリスト教系の私立学校に入学させ、資格を持つグローリアさんが地元の公立小学校の教員として働くことで、夫の夢を支えることにしたそうだ。

「絵はビジネスにならないかもしれない。もちろん、難しいことはわかっている。でも、アメリカという国なら（成功できる）可能性があるんです」

ジュリアンさんはその後、自宅の地下をアトリエにし、日々作品作りに没頭しているという。私が通された部屋にも、パステルカラーのアクリル絵の具で描かれた、幾何学模様のような花の絵が何枚も飾られていた。お世辞でも何でもなく、とても美しい素敵な絵だ。

「こんな私がトランプを応援するなら、絵を描くしかない。そう思ったんです」

と、ジュリアンさん。

いったい、どんな絵を描いたのであろうか。そんな思いを抱きながら、地下のアトリエに案内してくれるというジュリアンさんについていった。

トランプへの想いを込めた巨大絵画

ジュリアンさんは、昨年、トランプが大統領選挙に立候補すると聞いたときに、胸が高鳴り、逸《はや》る気持ちを抑えきれなくなったそうだ。そのときのことを、こう振り返る。

「(二〇一五年) 六月一六日のことでした。トランプが大統領選に立候補するというじゃありませんか! 思わず『やった!』と声を上げてガッツポーズをとりました」

どうやってトランプを応援しようか。そんな話を食事のときにしていたら、二番目の娘さんがこう言ったそうだ。「お父さん、(絵を) 描いたら? アメリカの国鳥である白頭鷲とか」と。

すると、こんなことが起こった。

「翌日、本物の鷲を腕にしたトランプの映像がCNNテレビに出たんですよ! もう、描かずにはいられなくなったんです」

その出来事に触発されて、ジュリアンさんが絵を描き始めたのが、昨年七月九日のこと。「(絵を)お見せしますよ、どうぞこちらへ」と、ジュリアンさんに案内され、ダイニングから階段を下りて地下のアトリエへと入った。

「えーっ、これ⁉」

思わず声を上げてしまった作品がこちらである(一三九ページ)。

壁一面を埋め尽くすほどの大きな絵。向かって左半分は、トランプの顔で埋め尽くされ、右側にはアメリカ合衆国の地図や国旗、その国旗を足でつかんで飛ぶ白頭鷲の姿などが描かれている。

連日一六時間、休むことなく二か月間描き続けたこの作品には、トランプの政策とジュリアンさんの願いが込められているという。

「ここを見てください。メキシコとの国境に壁を描きました。でも、単なる壁ではありません」

よく見ると、鍵穴のついたドアのようなものが壁の途中にある。ジュリアンさんが説明してくれる。

「トランプは、移民をすべて締め出そうと言っているわけではありません。違法で入ってくる人を入れない、と言っているのです。だから、きちんと手続きを踏んで入ってくる人はアメリカに入国できる。それを鍵穴とドアで表現しました」

白頭鷲はアメリカの国鳥で強さの象徴でもあるが、その鷲がつかんだ国旗は、破れた部分と新しく見える部分があり、星がちりばめられている。

「国旗の中の星には輝きはありません。周囲に流れてくる星は輝いていて、その中には、アメリカ合衆国各州の形を描きました。トランプが大統領になれば、各州が輝いてやってくる。つまり、アメリカは新しいアメリカ、強いアメリカに生まれ変わるのです」と、ジュリアンさんは熱く語る。

自由の女神の姿も見られるが、ここにもたくさんの意味が込められている。まず、女神は海の上を歩いていて、影が長く伸びている。これは、女神をイエス・キリストになぞらえて表現したもので、神がアメリカを築いた奇跡をほのめかしたものだという。また、「自由の国アメリカ」と言われるが、「本当の自由（リバティー）は神から与えられる」という『新約聖書』の以下の教えにも

トランプ支持を巨大絵画で表明したジュリアンさん

「トランプが大統領選挙に立候補すると聞いたときに、胸が高鳴り、逸る気持ちを抑えきれなくなったんだ」

不法移民をさえぎる壁には正規の移民を象徴する鍵穴、ちりばめられた星には、各州の形がシルエットで描かれ、トランプによって新しいアメリカが誕生することを示唆した。

なぞらえている。

主はいのちを与えてくれる御霊です。御霊のおられるところには自由があります。

(コリント人への第二の手紙　三章一七節)

イエス・キリストになぞらえた自由の女神の影は、首都ワシントンＤＣにかかるように描かれている。

「アメリカはキリスト教の教えに従っている国だということを再認識すべきなんです。信念に従い、信念を保つこと。それこそが、まさにアメリカの加護と栄光の基なんですよ」

アメリカの象徴である自由の女神に思いを託す。いかにも敬虔なクリスチャンであるジュリアンさんらしい表現である。

また、自由の女神の立っている島の隣には、エリス島という島がある。ここは、一九世紀にアメリカ移民局が置かれていた島で、この場所で移民たちは正規の手続きにのっとり、合法的にアメリカに入国してきた。メキシコとの国境に描いた壁と鍵穴とこの自由の女神がセットで、トランプの移民政策を象徴しているという。

絵の大きさと迫力に圧倒されたが、ジュリアンさんの情熱はそれだけではない。この絵を掲げて、ニューヨーク州の自宅から、大統領選挙の幕開けとなる二月一日のアイオワ州の共和党党員集会に車で応援に駆け付けた。全行程五七〇〇マイル（約九二〇〇キロ）にわたる長い道のりの旅だったという。

徹底した現実主義者トランプ

イスラム教徒をアメリカから締め出すとか、米国が中絶手術を禁止した場合には、中絶した女性は罰を受けるべきだとか、トランプの暴言はとどまるところを知らない。もちろん、こうした炎上商法のようなやり方がトランプ旋風を巻き起こしているのは間違いないが、それでもトランプを支持する理由とはいったい何なのか。

ジュリアンさんは、こう説明する。

「トランプを引きずりおろそうというエリート政治家たちは、彼の真実の姿を見ようとしていない。場合によっては、ウソとは言えないけれど、歪曲《わいきょく》した表現で彼を悪く言います。例えば、トランプ氏は人種差別、黒人差別をしているから、演説会場から黒人を引きずり出した、と。でも、それは真実ではありません。反トランプ派の人物が集会に紛れ込んで、騒いで演説を邪魔しようとした。だから会場のセキュリティ担当者が追い出した。それが真実です。

こうした事件が起こる前から、トランプは、黒人のキリスト教指導者八〇人を集めて対話を持つ機会を計画していて、それは実行されました。私も同席したのですが、一時間のうち、四五分間は彼らの言い分を丁寧に聞いていました。その後で、トランプは、落ち着いた口調でこの黒人差別とも言われた事件の説明をしました。

説明に納得した人も、しなかった人もいます。なぜなら、彼は説明をしたけれど謝らなかったから。トランプは謝るべきだと。でも、自分は間違っていないから謝らない。こうした姿勢は大事だと私は思います。彼は、人種差別主義者ではなく、現実主義者。プラグマティストなだけです」

トランプの魅力は、徹底したプラグマティストである点だと、ジュリアンさんは主張する。今までの政治家は、きれいごとばかり言って決断せず、さまざまな問題を先送りにしてきた、でも、ビジネスマンであるトランプは、いらないものはすぐに切ることができる。利益を追求するためには、ドラスティックな改革に踏み切る実行力がある、というのだ。

例えば、移民を締め出す、というのも、不法移民のことを言っているだけであって、不法移民の入国を手助けしているのはマフィアであり、だから、その悪影響を断つためだというのがトランプの主張なんだ、と。その証拠に、ビーチを歩いていた女性が、南米から来た不法移民の男に銃で撃たれたという事件があったそうだが、その男は五回も不法入国で締め出された経歴があったという。

「私自身の身近なところでも、似たような経験があります。家具を作っていた時代に、顧客の親戚の女性が、ラテン系の不法移民に首を切りつけられてレイプされたことがあったんです。当時、私の仕事場にはラテン系の使用人がいて、彼は非常によく働く素晴らしい人物でした。もちろん、私は彼のことが大好きでしたし、ラテン系の人だからといって、不法移民の犯罪者と同じ目で見るようなことはありませんでした。

ムスリム（イスラム教徒）のことだって、すべてが悪い人ではないということは、多くの人がわかっていることです。ただ、東西の対立、つまりキリスト教とイスラム教の対立の歴史があって、お互いに嫌っている人がいるのも事実ですよね。西（キリスト教社会）を憎む人（イスラム教徒）がテロを起こしているだけで、ほんの少しでもテロを起こす可能性がある人がいるならば、その人物が特定できない限り、すべてのイスラム教徒の入国をストップするというのは、間違った考え方ではないと私は思います」

こう話してくれたジュリアンさんは、イスラム教徒の排斥を次のように例えた。

水が入った一〇〇〇個のグラスが目の前にある。そのうち五〇個には毒が入っている。すべて透明な液体にしか見えないから、見た目ではわからない。では、その毒が入っているグラスを探すのに、「飲んで試してみますか？」「全部、捨ててしまいますか？」と。

「リスクを回避しようとしているだけで、イスラム教徒排斥の問題も、人種差別じゃないんです」と、ジュリアンさんは主張する。つまり、アメリカ人の安全と幸福を守るために、アメリカ優先の社会を作ろうとしているだけであって、それがトランプの訴えていることなんだ。だから私はトランプに大統領になってもらいたい、と。

「隠れトランプ支持者」たちの悲哀

現地で聞いた話だと、人種差別主義者だと思われるのを恐れて、表立って口にはしていないが、予備選挙や党員集会で投票する段になるとトランプに投票する（している）人がかなりいるという。

では、そうした「隠れトランプ」はいったいどこにいるのだろうか……。

四月一九日に行われるニューヨーク州の予備選挙を前に、トランプ支持者の集会を取材しようと試みた。しかし「反トランプ」を掲げる大々的な集会は見つかったものの、表立った支持者の集会がなかなか見つからない。唯一、このところニューヨークで流行っているという"Meetup"というよろずかわら版のようなサイトに、「ドナルド・トランプ戦略会議」なるものへの参加者募集のお知らせを発見！　その会議に顔を出すことにした。

「ドナルド・トランプ戦略会議」の会場は、マンハッタン中心部、レキシントン・アベニューという通りに面したイタリアンレストランだった。

戦略会議のスタートは日曜日の一五時から。一五分前に店に入ると、突き当たり奥の薄暗いスペースに、大きな楕円形のテーブルがセッティングされていた。誰もいない様子だったので、マスターに聞くと、会場はここで間違いないとのことだった。ほどなくして、店に入ってくる人の姿が見え始めた。ランチ

「隠れトランプたち」の戦略会議

会場は、ニューヨーク・マンハッタン中心部の
大通りに面したイタリアンレストラン

人種差別主義者だと思われるのを恐れて、表立って口にはしていないが、内心はトランプを支持しているという人たちの集会があった。

集まった人たちには高学歴、高収入の人たちもいた。

「トランプの名前を書いたカードやシールを、自宅の窓に掲げたり、車に貼ったりしたいのに、そうしたサインを貼っていると（窓や車を）壊されてしまうから表立って言えないのがくやしい」と言う。

タイムが過ぎ去った日曜日の昼下がり。店内にお客はほとんどいない。そこに連れもおらず、一人きりで周囲の様子を窺いながら入ってくる人たちがいた。戦略会議の参加者だということは一目瞭然だ。

この日集まったのは、全部で一二人。事前の申し込みは二二人いたそうだ。顔ぶれを見ると、年齢は二〇代から六〇代ぐらいまで、男性がほとんどだったが、女性の参加者も二人いた。

ほぼ全員が初対面のため、テーブルに着くと、まず自己紹介が始まった。主催者ですら、名前も素性も明らかにしたくない、というので、ほとんどの人はファーストネームだけ名乗り、職業やこの日参加した動機など、自分が言える（言いたい）範囲で挨拶をしていた。

そこでまず驚いたのが、自身の学歴を明かして話し始めた人たちの発言内容だ。

「私はハーバード大学卒業で、マネーマネージャー（資産運用の管理者）の仕事をしているんだ。いわゆる高所得者、上位一％の人間なんだよ。だから、トランプ支持者は、白人で中流より下の男性労働者だというステレオタイプのものの見方はやめてほしいんだ。私のようなエスタブリッシュメント(支配者層)だっているんだぞ！」と語気荒く話すのは、六〇代前半とおぼしき白人男性だ。すると向かいに座っていた三〇代の黒人男性も、負けじと勢いよく思いの丈を語りだした。

「私も、この方と同じだと言いたい！　コロンビア大学卒業のエスタブリッシュメントだ。われわれのように、きちんと教育を受けた知識と経験の豊かな人間が、トランプを支持すると判断している。だから、ここではニューヨークで一番知的な会話ができるだろう、なあ、みんな！」

「そうだ！　その通り!!　乾杯しよう!!」と、他の参加者たちも大きく頷きながら、ワインで乾杯をした。

ビールではなく、ワインというところがエスタブリッシュメントらしい振る舞いだ。ちなみにアメリカでは勘定を割り勘にすることはあまりない。この日の支払いは、ハーバード大学卒業の男性が「今日は私のおごりだ！　ワインもピザももっと頼もう！」と言いながら、嬉しそうにクレジットカードを胸元から出していた。

反トランプが怖くて何も言えなかった

宴もたけなわ、アルコールが入ると、遠慮がちにしていた人たちも、たちまち饒舌になりトランプの魅力について語りだした（以下、事実関係の是非はともかく、本人たちの会話をそのまま再現する）。

二〇代女性（カザフスタン出身のロシア系アメリカ人。キッチン家具を作る会社に勤務）はこう言う。

「バーニーって、怖くない⁉　だって、社会主義者なんでしょう？　北朝鮮やキューバを見ればわかるじゃない。貧しい人たちを苦しめる、それが社会主義だっていうことが」

「そうだよな、ソ連だって中流階級の人たちを苦しめていたもんな」と、三〇代男性（コロンビア大卒の黒人。職業不明）が応じる。

するとニ〇代女性が言葉を重ねる。

「北欧が理想だなんて、笑っちゃう。国民全員が働いて高い税金を納めているから福祉が成り立つんでしょう？　そんなのまっぴらごめんだわ」

「メディアは必ず、人種差別的な発言とか、その部分だけをカットしてつなげて取り上げるから、ひどいよ。前後の話を聞けば、本当はそうじゃないってわかるのに。だから、反トランプの奴らが暴力的な行動をとるんだ」と、この会の主催者の六〇代の男性（白人・職業不明）がコメントしたので、反トランプを訴える人たちの暴力的な行動とは何かと、私は尋ねてみた。

すると、まず主催者の男性が答えてくれた。

「例えば、トランプの名前を書いたカードやシールを、自宅の窓に掲げたり、車に貼ったりしたいのに、そうしたサインを貼っていると（窓や車を）壊されてしまう。この前も、トランプ支援の活動で“TRUMP”と書いたハチマキを巻いて街を歩いていたら、反トランプの人間に殴りかかられて、ハチマキを取られてしまったんだ。そういう被害だって、マスコミは報道すらしてくれないじゃないか。トランプを暴力的だと批判するけれど、反トランプの奴らの方が、よっぽど暴力的さ」

「バーニーの支援者は、自由にものを言うじゃない。だから腹が立つのよね！　私たちなんて誰にも言えないのに」と、二〇代の女性が不満を口にすると、六〇代のハーバード大卒男性も心情を吐露し始める。

「私なんて、家族にも言えないよ。兄も妹もバーニー支持者だし、トランプ支持がバレたら何を言われるか……（悔しそうな表情）。せめてフェイスブックで憂さ晴らししようかとも思ったけれど、そんなことしたら世間にバレちゃうからそれもできない。だから、私はこういう場を待ち望んでいたんだ！　もう三年以上も前からね。やっと思いの丈を話すことができる仲間に出会えたよ！」

エリートトランプ支持者たちの本音

参加者たちの会話はどんどんヒートアップしていく。

「だいたい、バーニーは新婚旅行がロシアだったんだから。キューバやニカラ

グアでは パンが配給制だから良いなんて言っちゃって。まったく笑っちゃうわよね。オバマがキューバに行ったときに胸に手をやりながら、国交を開くなんて宣言していたけれど、それって日本が北朝鮮と仲良くするのと同じなのよ、バカバカしくてやってられないわ」と、二〇代の女性。

六〇代女性（ソーシャルワーカーやタクシー運転手、ライターなどさまざまな職を経験後、現在無職）も口を開き始める。

「ヒラリーは犯罪者（Eメール事件に関して）。そのうち刑務所行きよ。政治的な経験が豊富だって？　冗談じゃないわ、彼女の経歴はビルの妻ってことを利用して、『大統領にいつかなるから、皆さんお金をちょうだい！』って、夫婦でアメリカ中を言ってまわっているだけでしょう？　第一、彼女が国務長官だった時代には、戦争で人が死んでいるわ。彼女は自分のことは守るけど、ベンガジで多くのアメリカ人が殺されたって（二〇一二年、リビアのベンガジにあったアメリカ領事館が攻撃され、大使など四人が殺された）、見捨てたのよ。そんな人のどこに豊富なキャリアがあるって言うのさ」

「トランプは過激なことを言ってネゴシエーションをうまくいかせようとしている。つまり、レーガンが大統領に立候補したときと同じことをしているだけなんだ。当時のレーガンも『ゴルバチョフに爆弾を落とせ』なんて言っていたけれど、実際にそんなことはしないし、するハズもない」と、三〇代のコロンビア大卒の男性。

六〇代の女性のヒラリーやマスコミへの批判が続く。

「イスラム教徒の女性にだって、トランプ支持者はいる。結局メディアは、既得権益を維持したいがために、一%の味方であるヒラリーに大統領になってほしいのよ。だから、あの手この手を使って、トランプを一方的に非難するんだわ」

「トランプは、"Economic Nationalist" つまり経済国粋主義者なだけ。だから、外交を考えたって、トランプが大統領になったら戦争をしない可能性が高いと思わないかい？　中東に対してだって中立の立場をとると言っているし、自分のお金で政治活動をしているから、既存の政治家に対しても、ウォール街に対しても、何ら引け目を感じる必要がない。だから戦争反対と堂々と言えるはずさ」と、六〇代のハーバード大卒男性が主張すると、主催者の男性がつけ加える。

「オバマやヒラリーは、『民主主義を中東に』なんて言っていたけれど、フセインやカダフィを殺したって、中東をまとめられなかったじゃないか」

「その問題や、イスラム国（ＩＳ）の問題は、ブッシュの時代にさかのぼるわけだけど……。私は共和党員だから、あのときも彼のことを信じて二回とも投票したんだけどなー……（と首をひねる）」と、六〇代のハーバード大卒男性。

「トランプが大統領になったら、日本に核を持つように言うんじゃないかしら。日本だって、対中国のことを考えたら、持っておいた方がいいと私は思うけど」との二〇代女性の提案に、六〇代のハーバード大卒の男性があわてて声を上げる。

「北朝鮮に（核を）持たせたら大変だ！　でも、トランプは、日本を悪く思っているわけじゃなくて、日本とアメリカは良い関係だから、日本が中国の管轄下に入ってほしくないと思っているんだと思うよ。中国は世界を乗っ取ろうとしているんだろうから。南シナ海の埋め立てだって、商売の仕方だって、技術を勝手に盗んだり平気でするじゃないか。アレじゃダメだろう」

こんな調子で、「ドナルド・トランプ戦略会議」は三時間近く続いた。

会も終わりに近づいた頃、イタリアンレストランのマスターが近づいてきて、半ば怒ったような口調でこう言った。

「会場を貸すのは全然かまわないが、何でここで文句を言って盛り上がるだけで、(トランプの)応援活動をしないんだ？　私だってトランプの支持者だけど、堂々とそう言って応援しているぜ」

すると、参加者全員が口を揃えてこう言った。

「そんなことできるわけないじゃない。できないからここにいるの！　匿名っていう権利だってあるでしょう？」

トランプの支持を続けるのも、なかなかタイヘンなようだ。

トランプの集会では何が起こっているのか

六月上旬、カリフォルニア州予備選挙の直前にサンフランシスコ・サンノゼ市で開かれた、トランプの集会に出かけた。平日だというのに、コンベンションセンターのホールに一万人は集まっていただろうか。合衆国憲法の前文を皆で暗唱し、国歌斉唱をしたあと、不法移民をアメリカに入れないために、メキシコとの国境に壁を作るという自身の政策で、まずは会場を盛り上げる。

トランプ「(メキシコとの国境に) 壁を作るぞ!」
支持者「オーーーッ!!」
トランプ氏「カネを出すのは?」
支持者「メキシコーーー!!」

支持者たちは、トランプの呼びかけに声を上げて、熱狂した様子を見せていた。支持者はこれまで言われてきたように、白人男性の姿が多く見られたが、女性はもちろん、子どもを連れて家族で参加している人たちの姿も目立った。

一方、会場近くの路上では、トランプの集会が始まる二時間ほど前から、一〇〇人近い反トランプの集団が、プラカードや「醜く」描いたトランプの顔のイラストなどを手に、大声で叫んでいた。

「トランプなんかいらない!」「トランプなんかゴミ同然!」「人種差別を許すな!」

サンノゼは、サンフランシスコ中心部から南へ車で一時間ほどの町だ。ＩＴ企業の集まるシリコンバレーやスタンフォード大学のある地域として日本でも知られているが、地域の特性からか、参加者は大学生を中心とした若者の姿が多く見られた。周囲の道路は通行止めにされ、サンノゼ市の警察官だけでなく、州の警官までもが顔を揃えていた。反トランプ集団の暴徒化やテロへの警戒もあり、厳戒態勢である。

トランプ支持と反トランプ

混乱を避けて直前の告知のうえ、平日だというのに、コンベンションセンターのホールには1万人は集まっていただろうか。合衆国憲法の前文を皆で暗唱し、国歌斉唱をしたあと、トランプの呼びかけに声を上げて掛け合いながら、熱狂した様子を見せていた。

「トランプなんかいらない！」「トランプなんかゴミ同然！」「人種差別を許すな！」。会場近くの路上では、100人近い反トランプの集団が大声で叫んでいた。

熱狂が熱狂を生み、ここまで来たトランプ旋風

トランプの集会は、一九時開始の予定より一〇分ほど早く始まり、一九時四〇分ぐらいに終了した。ニューヨークで参加した、数時間にわたるサンダースの集会に比べると、あまりの短さに少々驚いたが、支持者との掛け合いに始まり、民主党の候補者のヒラリーとサンダース両名の悪口で盛り上がり、自身の政策について少しだけ話す、という同じパターンを五度、六度と繰り返しているだけなので、それも仕方のないことか、と納得する気持ちにもなった。同時に、支持者の気持ちをセンセーショナルな物言いで煽《あお》って不満を発散させるという、トランプのやり方を実際に知るいい機会にもなった。というのも、トランプの集会は、しばしば反トランプの人々が暴徒化して支持者の車を炎上させたり、トランプ自身に襲い掛かったりする事件が後を絶たないため、情報が公開されるのが開催日直前で、私のような外国人のうえ、さらにフリーランスで取材している人間は、これまでなかなか参加することができなかったのだ。今回のサンノゼの集会の情報を入手できたのも、開催日の二日前のことだった。

取材に出かけたのが、オバマ大統領が現役の大統領として初めて被爆地広島を訪問し、全世界の人々に呼びかけるような素晴らしい演説を披露してくれた直後だっただけに、こんなトランプがアメリカの大統領になったら、いったいどうなってしまうのか、と私自身の頭の中もクエスチョンマークでいっぱいになった。

とはいえ、大統領を決めるのはアメリカ国民である。

では、どうしてこれほどまでにトランプを熱狂的に支持するのだろうか。

トランプの極端な発言、例えば、テロリストの危険があるからイスラム教徒は入国させないとか、不法移民を締め出すためにメキシコとの国境に「万里の長城」さながらの壁を作る、その費用はメキシコに出させるといった、日本人の常識からすると、いや、アメリカ人にとっても、考えられないような許しがたい差別的発言の数々を聞くと、共和党の大統領候補者として指名を獲得するまでになるとは、誰も思っていなかっただろう。

ところが、ジェブ・ブッシュをはじめ、マルコ・ルビオ、テッド・クルーズ、ジョン・ケーシックなど、並み居る本命と思われた人々を脱落させ、最後まで残ったのがトランプだったのだ。

私がニューヨーク州予備選挙の取材をしていた四月の段階では、まだテッド・クルーズやジョン・ケーシックが候補者レースに残っていて、共和党の代表が決まっていなかったので、トランプ支持者と個別に接触することはなかなか難しかった。ところが、その後、事実上トランプが共和党の大統領候補者として代表権を得たことから、話をしてくれるという人たちがポツリポツリと現れ始めたのである。私が話を聞くことができた人たちは、一般代議員としてトランプに投票するために七月の党大会に出席するという。しかも、二人とも白人男性ではなく、女性だ。

お金を儲けて何が悪いの?

カリフォルニア州予備選挙を前に、トランプ支持者たちと交流を持とうとロサンゼルスに駆け付けたのは、韓国系アメリカ人のリサ・シンさん(四〇代の女性）。韓国人の両親が留学のためにシカゴにやってきたのがきっかけで、移民することになり、リサさんはシカゴで生まれ育った。現在は、カリフォルニア州の二つ隣にあるニューメキシコ州で、アメリカ人の夫と七歳になる娘と三人で暮らしている。飛行機を使って、しかも泊りがけで、支持者たちに会いにくるそのエネルギーはどこからくるのか。それは、リサさんが、メガネとコンタクトレンズの販売をする小さな会社を経営していることが大きな理由だという。

「お金持ちになろうとするのは、いいことだと思いませんか？　私はそう思っているんです。でも、これまでのオバマ大統領の発言を聞いていると、まるで稼ぎ過ぎるのは恥ずかしいことのような物言いなんですよね。その点、トランプはお金持ちだから、税金や会社経営をするにあたっての規制をゆるやかにする政策を考えてくれる。そこが一番の魅力です。一方、最悪なのがオバマケア（オバマ大統領が導入した医療保険制度）。最近のデータでは、アメリカ全土に労働力人口にカウントされない九四〇〇万人の失業者がいると聞きました。雇用率が低いのも、私のように小さな会社を経営する者の経営が大変なのも、すべてはオバマケアのせいです」と、リサさんは語気を荒らげて言う。

リサさんの考えによれば、オバマケアは雇用者側にも労働者側にも規制が多過ぎるという。

労働者側は、収入が多くなるとオバマケアによる保険への援助額が減ったりもらえなくなったりするので、必要以上に働かないようにしたり、働くモチベーションを失ったりする原因になるという。

また、雇用者側にとっては、正規に雇用をすると社員の保険料の一部負担を強いられるので、正社員を増やしたくない、ということにつながる。その結果、労働者・雇用者双方の事情によって、正社員が減り、非正規雇用の低所得の人たちが増えてしまう、というのだ。

「民主党のヒラリーも、ファーストレディだった時代から社会保障制度の実現を訴えていましたが、生まれてから死ぬまで、ゆりかごから墓場まで人々を守るなんて、まるでアメリカという国が国民一人ひとりのナニー（乳母）になるようなものですよね。そんなのやり過ぎですよ。自由がなくなってしまう。経済の発展のためには、やはり自由競争が必要なんです。

それに、アメリカという国は広い。大きな国なんです。だから、州ごとに、住んでいる人も置かれている環境も価値観も全然違います。それを一つのやり方でくるなんて間違っています。経済も社会保障も、教育政策も、みんな自由にして、それぞれの州民に合った決まりにすればいいんですよ」と、リサさんは主張する。

ようやくトランプ支持を公表できた

トランプの訴える政策は「アメリカ第一主義」。つまり、アメリカにとって良い、得になることをする、という考え方だ。だから、現状のTPP（環太平洋経済連携協定）案がアメリカにとって不利な条件だから反対しているし、アメリカ人の雇用と安全の問題を考えたら不法移民は締め出すべきだし、テロの危険性のあるイスラム教徒も入国させるべきでないと主張しているんだ、とトランプ支持者は口を揃えて言う。

リサさんもその一人だが、話をしていくと、韓国系移民(二世)としての胸のうちを明かしてくれた。

「TPPは、外国にマーケットを拡げられるという意味において、大企業にとっては有利なものだと思います。でも、私のような中小企業の人間にとっては損なことばかり。アメリカ人はグローバルではなく、ローカルな人を大事にしてほしいんです。

それに、大きな工場が海外に出ている現状では、アメリカの雇用が減るのも仕方ありません。ただ、その工場や仕事がアジアに行ってしまうと、私もアジア人として肩身が狭いんです。

でも、私の両親も私も、その他の在米韓国人たちも、法律、医療、教育など多分野にわたって、アメリカに貢献してきたという自負があります。だから、正規の手続きを踏んでアメリカに移民すること自体はいいことだと思いますし、在米韓国人はもっと政治にかかわるべきだと思います。それで最近になってですが、ようやく私も自分がトランプを支持する考えをホームページにアップして、同じ考えを持つ仲間を募る決意をしたんです。それが、ロサンゼルスの仲間に会いにくるきっかけにもなりましたし、ニューメキシコ州共和党員の代表として、一般代議員という役割を担って七月の党大会にも行けることになりました。同じ志を持つ人たちとの出会いが待っていると思うと、今からワクワクドキドキ、党大会が待ち遠しいんです！」

話の途中、少し顔を曇らせたリサさんだったが、最後に共和党大会への参加の話題になったとたん、輝くような笑顔を見せてくれた。そして、小さなトランクを携えて、ニューメキシコへと帰っていった。

誰も守ってくれはしないから、自分の身は自分で守る

ハリウッドの女優で、共和党の広報ビデオやCMをボランティアで作っているという女性に会った。名前はメル・フリンさん。シカゴ生まれで、二〇年ほど前からロサンゼルスに住んでいる。彼女も前述のリサさん同様、カリフォル

ニア州共和党員を代表して、一般代議員として七月の党大会に出席することになっているという。しかも、夫婦で、だ。

よほどトランプに心酔しているのかと思いきや、会って話を始めるなり、「まったく彼は余計なことばかり言って。ブー……」と不満な表情を見せた。

この日のニュースは、トランプが設立したトランプ大学がきちんと教育を行っていなかったため、元受講生が詐欺商法だと訴えている件に関して、メキシコ系アメリカ人の判事がトランプに不利な判断を出した。それを受けて、判事が正真正銘のアメリカ人であるにもかかわらず、トランプが「判事がメキシコ人だから自分は非常に不公平な扱いを受けている」という内容の差別的な発言をしたことが取り沙汰されていた。

「政策はいい政策なのに、どうして暴言を吐くのかしら」と、舌打ちをするメルさん。筋金入りの共和党員かと思いきや、一五年前までは周囲に民主党員が多い環境で育ってきたので、民主党のリベラルな考え方に一定の理解を示していたそうだ。

トランプ支持を公表する人たち

韓国系アメリカ人のリサ・シンさん（40代）。メガネとコンタクトレンズを販売する小さな会社を経営している。「正規の手続きを踏んでアメリカに移民すること自体はいいことだと思いますし、在米韓国人はもっと政治にかかわるべきだと思います」。ニューメキシコ州共和党員の代表として、一般代議員という役割を担って7月の党大会にも行く。

メル・フリンさん。ハリウッドの女優。共和党の広報ビデオやCMをボランティアで作っている。「ブッシュとケリーが対決した大統領選挙のときには、ケリーのネガティブビデオを作ったのよ。スイングステート（票が読めない激戦州）の1つ、オハイオ州で集中的にそのビデオを流したら、ミリオンビュー（何百万回という再生回数）を記録したのよ。結果的にオハイオ州では共和党のブッシュが勝ったのだから、効果があったわね」

しかし、彼女の考え方が大きく変わったのは、二〇〇一年九月一一日に起きた、アメリカ同時多発テロがきっかけだった。

「あの日を境に、政治や国のことを考えるようになって……。考え抜いた末、共和党の保守的な考え方に共感するようになったんです」と、メルさんは言い、さらに言葉を重ねる。

「九・一一以前は、自分たちのことは自分たちで守るように、国のシステム自体ができていなかったと思うんです。不法移民の問題もそうですし、銃の所持を規制することにも私は反対です。民主党のバーニー・サンダースは、環境や地球温暖化の問題について声を上げていますが、その他のことに比べたら温暖化なんて大した問題ではないと思います」

とはいえ、今回のように、予備選挙の段階で本命とみられていた候補者が次々と脱落し、泡沫候補とみられていたトランプや民主党のサンダースが最後まで残るような状況は、メルさんも想像だにしていなかったようだ。

「私が一番に支持していたのは、スコット・ウォーカー（ウィスコシン州知事。

四八歳と若く、保守派の代表格と言われたが、二〇一五年の九月早々に撤退を表明した）。テッド・クルーズも良かったわ。トランプはしゃべらなきゃいいんだけど（苦笑）、しゃべるから磨かれていない感じが出ちゃうのよね。

でも、もちろん民主党よりマシだし、こうなったら本選挙に向けて団結していくしかない。共和党はここカリフォルニア州でしばらく勝てたことがないから、私の周りにいる共和党員でもトランプ嫌いの人を説得してまわっているところよ」

ＴＶコマーシャルとネットによる動画公開

アメリカ大統領選挙は、想像をはるかに超えた額の選挙資金が必要だと言われている。というのも、全米各地で選挙活動を行ったり、ＴＶコマーシャルを流したり、最近ではネットを使った動画を公開するという方法もあり、その制作に莫大な費用が必要だというのだ。

前述したように、メルさんの本業は女優だが、ハリウッドでエンターテインメント系の仕事をしている人たちが中心メンバーである共和党員のボランティア団体の代表も務めている。月に一回程度、会議を開き、大統領選挙をはじめ、共和党員の選挙活動に関するキャンペーン用ビデオやTVコマーシャル制作のサポートに当たっている。具体的には、制作会社や構成作家を探したり、内容にふさわしい俳優を探して出演依頼をしたり、ということが主な活動だ。アメリカでは、立候補者本人のキャンペーンを行う一方、対立候補者を貶《おとし》めるネガティブ・キャンペーンを行うことも規制されていないので、その両面から共和党に有利になる宣伝活動を考えるという。

「ブッシュとケリーの対決のときには、ケリーのネガティブ・ビデオを作ったのよ。スイングステート（勝敗の行方が見えない激戦の州）の一つ、オハイオ州で集中的にそのビデオを流したら、ミリオンビュー（何百万回という再生回数）を記録したのよ。結果的にオハイオ州では共和党のブッシュが勝ったのだから、効果があったわね」と、メルさんが教えてくれた。

制作費は候補者から出たり、（政治家でない）共和党員が民主党候補者を落としたいからと、個人がポケットマネーでネガティブ・ビデオの作成を依頼してきたりすることもあるそうだ。ビデオのタッチも、シリアスなものからコメディーまで、依頼者の要望に応じて幅広く対応しているという。メルさんへのインタビューは、六月上旬のカリフォルニア州予備選挙の直前だったが、既にアンチ・ヒラリーをテーマにしたビデオのキャスティングの依頼が入っていて、配役に頭を悩ませていた。

「俳優仲間はたくさんいますが、共和党で制作するビデオなのに民主党支持者の俳優に出演をお願いするというわけにはいかなくてね（苦笑）。まぁ、それでも、役柄にあっていると思ってもらえれば、出演してくれる人もいます。

カリフォルニア州は民主党が強く、リベラルな雰囲気が先行しています。例えば、新しい法律がどんどん決まって、税金は高くなるし、その影響で企業がこの地を離れてしまい、仕事が減ってしまっている。黙っていたら、民主党に好き勝手にやられてしまうので。声を上げていかなきゃならないんです。

ボランティアですから、作品によってお金がまったく出ないときも、逆に仕事としてお金をいただけることもあります。でも、女優としての経験を活かしながら、政治にも関与できるこの活動を、今回の選挙でも続けていきたい。自分の手で世の中を変えていくという手ごたえを感じ続けていたいのです」

最後に顔写真を撮影させてもらった。サングラスを外して髪をとかし、サッとポーズをとる。普段着のTシャツ姿のメルさんが、女優としての輝きを放った瞬間だった。こんなところにも、トランプ氏の支援者は存在している。

第4章

今、アメリカ社会で何が起こっているのか

池上彰

アメリカ大統領選挙異変の理由

今回のアメリカ大統領選挙では、共和党のドナルド・トランプがまさかの大躍進。その一方で、民主党は大本命のはずだったヒラリー・クリントンが大苦戦。当初は泡沫候補扱いされていたバーニー・サンダースが終盤まで激しく追い上げました。

こうした異変の背景には、アメリカ社会の変化があります。何がアメリカを変えてしまったのか。まずはトランプ現象の背景から見ていきましょう。

トランプ躍進の背景には、白人層がアメリカ社会の中でマイノリティに転落してしまうという白人たちの危機意識があります。二〇一〇年の国勢調査によると、白人の比率は六三・七%。まだ過半数を確保しているとはいえ、二〇〇〇年の国勢調査（アメリカの国勢調査は一〇年に一度）では、白人の比率が六九・一%でしたから、急激に割合が減っています。

代わって増えているのがヒスパニック系です。二〇〇〇年時点では一二・五%だったものが、二〇一〇年には一六・三%に急増しています。黒人とアジア系が微増にとどまっているだけに、ヒスパニック系の増加ぶりが目立っています。

ヒスパニックとは「スペイン系の」という意味。スペイン語を母語とする中南米出身の人たちのことです。ただ、中南米にはポルトガル語を話す人もいるので、最近は「ラティーノ」（ラテン系の）という呼び方をすることも多くなっています。

こうした中南米出身者のうち大きな割合を占めるのはアメリカの南隣のメキシコ出身者です。正規の手続きを踏んでアメリカの国籍を取った人もいる一方で、不法入国者も少なくありません。不法であっても、いったん入国してアメリカで子どもを生めば、子どもには自動的にアメリカ国籍が与えられます。アメリカ人の親なら永住権も取りやすいし、アメリカ国籍も取得しやすくなります。

彼らのほとんどはカトリック。宗教上、避妊が認められないので出生率が高く、アメリカ国内での比率が増え続けているのです。この勢いだと、今世紀中に白人の比率は少数派に転落してしまいそうです。中南米からの移民は、低賃金でも働くため、従来の肉体労働者の仕事が奪われるケースも増え、これが低学歴の白人労働者にとって脅威となっています。

ヨーロッパから移り住んだ白人が建国した国なのに、白人の比率は減り、仕事も失われていく。豊かなアメリカを建国した白人の子孫の自分たちが、「豊かなアメリカを目指してやってきた連中によって追いやられようとしている」。こうした危機感から、「メキシコ人は強姦魔」「不法移民は送り返せ」というトランプの発言に喝采を送っているのです。

このままだと、白人を主な支持基盤としてきた共和党が大統領選で勝つ可能性は、下がり続けるはずです。そこで今回は、ヒスパニック系からも支持が期待できる候補として、マルコ・ルビオ、テッド・クルーズ、ジェブ・ブッシュが名乗りを上げていました。ルビオはキューバ移民の息子、クルーズもヒスパニック系、ブッシュの妻はメキシコ出身、というわけです。

ところが、いずれも途中で脱落してしまいます。とうとうヒスパニックの票

「ラティーノはヒラリーを応援する」

スペイン語を母語とする中南米出身者は「ヒスパニック系」と呼ばれてきたが、ポルトガル語を話す人もいるので、「ラティーノ」（ラテン系の）という呼び方をすることも多くなっている。

を集めそうな候補ではなく、ヒスパニックを排斥する側の人間が選ばれてしまいました。共和党主流派の意向に反し、比率が減り続けている白人層の危機感を代表する候補が選ばれたのです。この動きは、長い目で見れば、共和党が没落の道を辿《たど》っていることを意味しますが、短期的には白人層を引き付けることになります。

ミレニアル世代の時代に

一方、民主党は七四歳のユダヤ系の民主社会主義者という、従来ならマイナス要因になる三点を備えたバーニー・サンダースが粘り強い戦いぶりを見せました。その背景には「ミレニアル世代」と呼ばれる若者たちの存在があります。

アメリカでは、生まれた年代によって、「○○世代」と呼ばれる層が存在します。第二次世界大戦後に生まれた世代は「ベビー・ブーマー」。「ベビー・ブーム世代」つまり日本の団塊の世代に当たります。

次の世代は、いわゆる「新人類」です。英語では「ジェネレーションX」と

米国の世代分類と大統領選挙の支持層

1928〜45年生まれ　サイレント世代

1946〜64年生まれ　ベビー・ブーム世代

第2次世界大戦後に生まれた世代で、日本の「団塊の世代」に当たる。ヒラリーの支持層といわれている世代。

（サンフランシスコのヒラリー事務所でヒラリーのボードと）

1965〜80年生まれ　ジェネレーションX

いわゆる「新人類」。日本で「未知の人類」という意味で「新人類」と呼ばれたように、Xは未知ということ。

1981〜98年生まれ　ミレニアル世代

2000年代の若者たち。2000年＝ミレニアムから「ミレニアル世代」（「ミレニアム世代」とも）と呼ばれる。「デジタル・ネイティブ」という呼び方もある。高学歴の若者が多いのが特徴。サンダースの選挙戦は、ミレニアル世代が中心になって活動している。

（ニューヨークのサンダース事務所で）

呼ばれます。日本で「未知の人類」という意味で「新人類」と呼ばれたように、未知＝Xというわけです。

その次の世代は二〇〇〇年代の若者たち。二〇〇〇年＝ミレニアムから「ミレニアル世代」（「ミレニアム世代」とも）と呼ばれます。子どもの頃からインターネットなどのデジタル機器に親しみ、高学歴の若者が多いのが特徴です。「デジタル・ネイティブ」という呼び方もあります。

アメリカの大学生は、どこかの国の大学生と違って、学費を親から出してもらうというケースは稀です。自力で奨学金を獲得したり、学費ローンを借りたりして、学費を賄うことが一般的です。その結果、大学を出た段階で、多額の借金を背負っています。アメリカには国立大学はなく、私立大学か州立大学だけ。私立大学の学費は一年間に四〇〇万円から五〇〇万円にも達します。州立大学は、それよりは額が下がるものの、ローンの支払いは重荷です。

大統領経済諮問委員会によれば、学費ローンの残高は平均で一人当たり約三万ドル（日本円で約三二〇万円）だそうです。大学を卒業しても非正規雇用では返済に支障を来します。事実、学費ローンが返済できないで破産する若者も増えています。

そこに登場したのが、サンダース。「公立大学の学費を無料にする」という主張は、若者たちの心をつかみました。

でも、そのための財源はどうするのか。ウォールストリートの投機家に税金をかければいい、というわけです。ごく少数の金持ちがアメリカ国民の資産の大部分を保有しているという格差社会の現実に不満を持っている若者を惹きつけるには十分な政策でした。アメリカ国民のわずか一％が富の多くを保有し、九九％の国民には富が回って来ない。こんな不満を代弁するものでした。

たとえサンダースが大統領になっても、議会の多数派が共和党のままだと、この政策の実現性は絶望的ですが、熱狂する若者たちに、この理屈は通用しません。

サンダースの対抗馬であるヒラリーは、ウォールストリートからの献金を受け、娘のチェルシーとその夫は、ウォールストリートの投資銀行に勤務しています。これでは「格差解消」を訴えても、説得力はありません。かくして、ヒラリーは苦戦したのです。

移民に反対してトランプを支持する内向きの国民と、格差拡大に怒る若者たち。大統領選挙の結果がどうなろうと、アメリカの現実は、将来まで続くのです。

決められない政治への苛立ち

トランプ現象には、もう一つの要素があります。それは、「決められない政治」に対する苛立《いらだ》ちが存在することです。そんな「決められない政治」にしてしまったのは、実は共和党です。でも、共和党のあり方に飽き足らない保守勢力は、現実を打破するだけの力がありそうなトランプに期待をかけています。トランプは、共和党が生み出したフランケンシュタインとも言うべき存在です。共和党は、なぜこんな状態になってしまったのでしょうか。

共和党といえば、「リンカーンの党」と呼ばれます。えっ、あの奴隷解放のリンカーンは共和党だった？　と驚く人がいるかもしれません。共和党の前身である「連邦主義者党」は、北部を地盤とし、連邦政府を支持して奴隷制に反対しました。

一方、民主党の前身の「民主共和党」は南部を地盤とし、大規模農場を維持するために黒人奴隷制を維持しようとしていました。

それが、やがて北部にも存在した民主党組織には移民など多種多様な人材が流入することで、次第にリベラルな党に変身します。南部の民主党員たちは、こうした民主党主流の流れに反発します。これに目をつけた共和党は、南部の保守的な人々を吸収することで組織を拡大。結果的に保守的な政党になっていきます。かくして、保守的で「小さな政府」を志向し、社会保障などに金を使う政府に反発する共和党と、弱者のための社会保障を充実させるべきだと「大きな政府」を容認する民主党、という色分けが生まれました。

民主党と共和党は、政策の違いで対立することはあっても、連邦議会での穏健なベテラン議員たちは、時に妥協して、政治を進めていこうとする余裕があります。

ところが、この構図が大きく変わることになったのが、二〇〇九年から始まったティーパーティー運動でした。

二〇〇八年に起きたリーマン・ショックにより、アメリカ経済がどん底に落ちると、翌年に誕生したオバマ政権は、自動車産業や金融機関救済のために政府支出を増やします。さらに医療保険に入れない人たちをなくそうと医療保険改革を進めます（通称「オバマケア」）。こうした政策には多額の政府支出が伴い、赤字国債の発行額も増加します。これに反発したのが、「小さな政府」を志向する保守派の人々でした。政府支出反対運動を展開します。これが「ティーパーティー運動」です。

ティーパーティーといえば、アメリカ人が思い出すのは「ボストン・ティーパーティー」（ボストン茶会事件）です。イギリスの植民地時代、イギリスから課せられた重税に反対する人々が、ボストン湾に停泊中の貨物船に忍び込み、イギリスから運ばれてきた茶をボストン湾に投げ込み、「ティーパーティーだ」

と叫んだ故事に由来します。

「アメリカは、そもそも重税に反対する運動がきっかけで独立を果たすことができた。重税反対がアメリカの国是だ」というわけです。

ちなみに、それまでアメリカでも本国と同じく紅茶が飲まれていましたが、重税に抗議して紅茶をボイコットする運動が盛り上がり、以来、多くのアメリカ人がコーヒーを飲むようになります。

ティーパーティー、共和党乗っ取り

ティーパーティー運動の活動家たちは、自分たちの考え方に近い共和党を変え、自分たちの意見を国政に反映させようと考えました。そこで目指したのが二〇一〇年の中間選挙でした。

アメリカの下院議員の任期は二年。大統領の任期は四年ですから、大統領選挙と次の選挙の中間年に下院議員全員と上院議員三分の一の選挙が行われます。これが中間選挙です。

アメリカでは、下院議員も上院議員も、選挙区ごとに予備選挙を実施して候補者を決めます。日本のように「現職重視」で簡単に候補者を決める、ということはしません。ティーパーティー運動の活動家たちは、共和党の予備選挙に立候補しました。そこで穏健なベテラン議員たちを、次々に叩き落とします。こうした活動家が、共和党の議員として当選。議会で共和党が多数派になる貢献を果たします。アメリカでは、共和党なら楽々当選という選挙区が多数あり、予備選挙で共和党の候補者にさえなれれば、多くは議会に進めるのです。

さらに二〇一二年に行われた大統領選挙と同時に実施された上下院議員選挙でも勢力を拡大します。今回、共和党の候補者選びでトランプと争っていたテッド・クルーズも、このときテキサス州から上院議員に当選しています。

彼らは、ベテラン議員と違い、妥協することを知りません。オバマ政権の方針にことごとく反対します。

とりわけ、オバマケアに反対。二〇一三年の予算審議で、クルーズは「オバマケアを廃止しなければ予算を成立させない」と主張して議事妨害（フィリバスター）に踏み切ります。実に二一時間以上にわたって本会議場で演説を続け、時間切れで予算が成立しないという状況を作り出します。予算が成立しないため、連邦政府は機能停止に追い込まれ、連邦政府職員は自宅待機を命じられたほどでした。

この妥協を知らない強硬な態度は、共和党主流派さえも苛立たせます。トランプが共和党の大統領候補になるのを阻止したい共和党主流派が、クルーズに票を集中させることをためらったのは、こんな経緯があったからです。

オバマ政権が実行しようという政策に、共和党内部のティーパーティー系議員は、ことごとく反対。オバマ政権は、独自の政策を実現できなくなります。

一方、ティーパーティー主導で作られる法案は、オバマ大統領が拒否権を発動して阻止します。結局、「決められない政治」になってしまったのです。

しびれを切らしたオバマ大統領は、議会を通さずに大統領命令で政策を実施に移し、これに共和党の議会が反発する、という状態にまでなっていたのです。

こうしてみると、一切妥協をしない過激なティーパーティー系議員たちが、

「決められない政治」を作り出したことがわかります。

こんな状態に不満を持った共和党支持者が、現状打破の期待を込めてトランプに飛びついた。これがトランプ現象なのです。

トランプ、日本の核武装容認発言

トランプの発言には、簡単には驚かなくなっていましたが、これには驚愕しました。今年三月、「ニューヨークタイムズ」のインタビューに答えて、日本の核兵器保有を容認する発言をしたからです。

三月二六日に掲載されたインタビューで、トランプは、日本が在日米軍の駐留経費の負担を増やさなければ、日米安保条約を見直し、米軍を日本から撤退させると言明しました。日本の防衛に関しては、日本が核兵器を持って自国を防衛すればいいと言ってのけたのです。

第二次世界大戦後のアメリカは、日本が独自に核武装することを恐れ、日米安保の「核の傘」で日本を防衛する方針を取ってきました。もし他国が日本を核攻撃するようなことがあれば、アメリカが、その国に対して核兵器で反撃すると保証することで、日本への核攻撃の抑止力にするというものでした。これが「核の傘」です。そうすれば、日本は核武装の誘惑に駆られないで済むだろうという戦略でした。

そんな過去の経緯などにお構いなしのトランプ発言。日本が独自に核武装することになれば、核拡散防止条約はどうなるのか……と思ってしまうのですが、こうして驚くこと自体が、トランプ戦略に乗せられている可能性があります。

トランプは、インタビューの中で日本に核武装を認めるのは、「アメリカが国力衰退の道を進めば」という前提条件をつけているからです。つまり、「トランプが大統領になれば、アメリカは国力衰退の道を進まない」ということでしょう。日本が実際に核武装することはない、という意味になります。

一瞬、驚くようなことを言っているように見えて、発言を仔細《しさい》に検討すると、実はそれほどでもないということが、いろいろあります。

例えば「イスラム教徒入国禁止」発言も、実は「我が国が実情を把握できるまで」という条件がついています。アメリカに入国を希望するイスラム教徒にテロリストが紛れ込まない態勢を取れれば入国を認めるという意味になるのです。

「センセーショナルな話」が受ける

トランプは、なぜ「暴言」を繰り返すのか。実は後で弁明できる条件を注意深くつけているのです。そのことを、トランプ自身が自著で自慢しています。相原真理子訳の『トランプ自伝』です。ここには、驚くべきことが書いてありました。トランプ発言は、いわゆる「炎上商法」だったのです。

炎上商法とは、わざとネットの世界で批判を浴びるような仕掛けをしてウェブサイトを炎上させ、それで売り上げを伸ばそうという戦略です。トランプは、こんなことを書いています（以下、すべて同書より）。

「マスコミについて私が学んだのは、彼らはいつも記事に飢えており、センセーショナルな話ほど受けるということだ」

トランプの選挙戦

現状に不満を持った共和党支持者を、「炎上商法」でセンセーショナルに煽ったトランプ。集会場の熱狂ぶりは続いている。

アメリカ大統領候補は応援グッズを作ってウェブや集会場で販売する。寄付ということでどれも値段は高めでこのキャップも25ドル。ビジネスマンのトランプは、出馬する前から5番街のトランプタワーにもトランプブランドのショップを持っている。トランプショップのグッズも安くはない。私（池上）はこの帽子をアイオワ州で開かれたトランプ支持者の集会の会場前で売られていたものを購入した。

「要するに人と違ったり、少々出しゃばったり、大胆なことや人と違ったことをしてきたし、論争の的になることを気にせず、野心的な取引をしている。また若くして成功をおさめ、ぜいたくな生活をしてきた。その結果、マスコミは好んで私の記事を書くようになった」

「論争の的になることを気にせず」というのは、その通りですね。

「私はマスコミの寵児というわけではない。いいことも書かれるし、悪いことも書かれる。だがビジネスという見地からすると、マスコミに書かれるということにはマイナス面よりプラス面のほうがずっと多い」

この中でトランプは、「ニューヨークタイムズ」に一ページの広告を出せば莫大な費用がかかるが、記事で書いてもらえれば、一銭も出さずに広告になると指摘しています。

そういえば、各候補がテレビCMに莫大な資金を出している中で、トランプは当初、自分の広告を出していませんでした。たとえ悪い話でも一般の記事に取り上げられれば、大いなる宣伝効果があるというわけです。

遂には、こう言ってのけます。

「宣伝の最後の仕上げははったりである。人びとの夢をかきたてるのだ。人は自分では大きく考えないかもしれないが、大きく考える人を見ると興奮する。だからある程度の誇張は望ましい。これ以上大きく、豪華で、素晴らしいものはない、と人びとは思いたいのだ。

私はこれを真実の誇張と呼ぶ。これは罪のないホラであり、きわめて効果的な宣伝方法である」

「夢をかきたてる」。それは悪夢に転じるかもしれないのですが、自分で「ホラ」（嘘）と認めているのです。

テレビ局もトランプの共犯者に

こうしたトランプの「炎上商法」に乗って金を稼いできたのが、テレビ各局です。今年三月、アメリカCBSニュースのレスリー・ムーンヴス社長は、広告収入のためにメディアがあえてトランプを積極的に取り上げていること認めました。「トランプには、もっと頑張ってもらおう」という趣旨の発言までしています。

共和党の候補者同士のテレビ討論会は、トランプが出るとなると、視聴率が上がります。テレビ局には「おいしい話」。そこでスポンサーに対して、「この番組のスポンサーになりたければ、広告料をもっとはずんでくれ」と主張し、実現させてきました。

トランプが話題になる発言をすれば、テレビはそれを放送。それで視聴率が上がれば、広告収入も増える。結局、トランプ現象は、テレビ局も共犯者になっているのです。

トランプ大統領が実現したら？

「もしトランプが大統領になったら、日本にどんな影響があるのですか？」と問われることも増えました。そこで、このシナリオを、頭の体操として考えてみましょう。

実はトランプ大統領が実現することは、そんなに悪いことではないという考え方もできるのです。

例えばトランプは、ＴＰＰ（環太平洋経済連携協定）に反対しています。

日本国内の農業関係者もＴＰＰに反対しています。しかし、日本国内でいくら反対しても、安倍内閣は何としても実現させようとしています。ところが、アメリカが批准しなければ、そもそもＴＰＰは効力を持ちません。日本の農業関係者はトランプを応援した方がいいかもしれません。

混迷を極める中東情勢。トランプは、イスラエルとパレスチナの紛争について、中立の立場を表明しています。他の大統領候補がいずれもイスラエル寄りの姿勢を強調しているのに対して、大きな違いです。

中東問題がなかなか解決に向かわない原因の一つに、アメリカ政府が常にイスラエル寄りの姿勢を取ることが挙げられますが、トランプ大統領が誕生すれば、意外にも中東情勢は改善されるかもしれません。

自称「イスラム国」（ＩＳ）によって混迷を深めるシリア情勢ですが、トランプはロシアのプーチン大統領に任せるという趣旨の発言をしています。プーチン大統領を高く評価しているからです。これにより、少なくとも東西冷戦後最悪の関係に陥っている米ロ関係は改善に向かう可能性があります。

さらにトランプ大統領は「イラク戦争は間違いだった」と批判しています。イラク戦争は共和党のブッシュ前大統領が始めたことなので、他の共和党候補は表立って批判できないのに対して、まともな発言です。

二〇〇一年九月一一日のアメリカ同時多発テロを阻止できなかったのはブッシュ前大統領のせいだ、というのもトランプの発言です。これも他の共和党候補は口が裂けても言えないこと。

中産階級への減税もトランプの方針です。これが、トランプと戦っていたテッド・クルーズは、「税率はフラット」つまり金持ちも低所得者も同じ税率にすると言っていましたから、露骨な金持ち優遇政策でした。それよりは、まともな政策でしょう。

医療保険に国民全員が入れないアメリカの現状を改革するため、オバマ大統領が導入した医療保険制度（通称オバマケア）を共和党候補たちは口を極めて罵《ののし》りますが、トランプは、さらに拡充することも検討すると言っています。オバマケアによって助かった低所得者が大勢いることは確かですから、どうせ共和党ならトランプが望ましいと考える国民も多いことでしょう。

実は「悪夢のシナリオ」

以上のシナリオは、ブラックジョークです。トランプ大統領が望ましいと言っているわけではありません。意外にも、他の共和党の候補よりはマシなところがある、という意味です。他の候補者がもっとひど過ぎた、ということに過ぎないのですが。

とはいえ、トランプ大統領が誕生したら、日本にとっては（日本にとっても）、悪夢としか言えないでしょう。

貿易面においてトランプは孤立主義。日本を中国やメキシコと同一視して、「不公正な輸出をしてアメリカの市場を奪っている」と非難しています。「友人が日本のコマツのトラクターを買ったが、これは日本が円安政策を取っているから。性能でキャタピラーが劣っているわけではない」とも発言しています。「アメリカの製品は日本製に比べて劣っているわけではない。円安政策が悪いのだ」という言い方は、アメリカ人のプライドをくすぐります。

大統領になったら、輸入品に大幅な関税をかけるそうです。

そんなことができるわけない、と思いたいですが、一九七一年、当時のニクソン大統領は、すべての輸入品を対象に一〇%の輸入課徴金を導入したことがあります。大統領がその気になればできるのです。

ただし、今はそんなことをしたら、WTO（世界貿易機関）の取り決めに違反します。国際問題になりますが、トランプの支持者は、そこまで気づいているのかどうか。

トランプは、日本の円安政策を非難している以上、大統領になったら、日本に対し、円高政策を求めるか、自らドル安政策に踏み切る可能性があります。これは日本にとってマイナスになるでしょう。

それ以上に日本にとって深刻なのは、米軍の位置づけです。トランプは、日米安保条約について、「日本が攻撃されたら米軍が助けることになっているが、アメリカが攻撃されても、日本は助けに来ないのだ。これは不公平じゃないか」と集会で発言しています。

ということは、日本に対して、集団的自衛権の積極的な行使を要求してくるでしょう。これは、安倍内閣の集団的自衛権容認程度では済まないものになります。米軍の駐留経費負担増も求めてきそうです。

トランプは韓国に対しても、「なぜ米軍が韓国を守ってやらなければならないんだ。韓国は自分で自分の国を守ればいいんだ」と発言しています。米軍を朝鮮半島から撤退させるぞ、という脅しでしょうか。

米軍の駐留経費をもっと負担しろ、という意味に過ぎないのかもしれませんが、韓国駐在の米軍が削減されれば、東アジア情勢は激変。日本も平穏な状態ではいられなくなります。トランプ大統領誕生を期待しているのは、ロシアだけでなく、北朝鮮もそうかもしれません。

「嫌われ者」同士の争い

まさかトランプが大統領になることはないだろうと思っていたら、今年六月はじめ、どちらに投票するかを問うた世論調査で、トランプがヒラリーをリードするという結果が出ました。政治の世界に「まさか」はないのですね。

トランプがこれほどに強いのは、民主党のヒラリーが、予想以上に弱いからです。トランプに拒否反応を示すアメリカ国民が多い一方で、ヒラリーもまた嫌われているのです。もしトランプ対ヒラリーということになったら、「より嫌いの程度が少ない候補者」を選ぶしかない、なんてことになりかねません。

ヒラリーは、なぜ嫌われるのか。アメリカ人に、「ヒラリーと聞いて思い浮かべる言葉はなんですか?」というアンケートで、一番多かった言葉は「ライアー(嘘つき)」でした。これは致命的ですね。

なんでそんなに嫌われるのか。大きな理由の一つは、いわゆる「Eメール問題」です。これは、オバマ政権の国務長官だった四年間に、自宅のパソコンから仕事のメールを送っていた、という問題です。

反ヒラリー、反トランプのキャンペーン

「Eメール問題」が予想以上に支持に影響が出ているヒラリー。共和党は国家機密が含まれるメールを「法律に違反して」自宅のパソコンから送った行為は犯罪だから起訴すべきだと批判している。それを絵にした缶バッジ。

トランプを人種差別主義者として批判する反トランプの人たち。

ヒラリーは、「法律には違反していない」「国家機密は自宅のメールで扱っていない」と反論していましたが、実際には、国家機密が含まれるメールを送っていたことがわかりました。共和党は、こうした行為は犯罪だとして、ヒラリーを起訴すべきだと批判しています。ヒラリーが鉄格子の中にいて、「ヒラリーを刑務所に」と呼びかける文字が描かれたバッジまで作っています。

この問題については、今年七月、ＦＢＩ（連邦捜査局）が捜査の結果、起訴するほどの重大な事件ではなかったとして捜査を打ち切りました。しかしトランプ陣営は引き続きヒラリーを追及する構えです。

既成の政治家は嫌われる

ヒラリーが嫌われる理由は、ほかにもあります。一つは、既成の政治家は嫌われるということ。アメリカの国民は、既成のベテラン政治家を忌避しがちです。首都ワシントンの政治は腐敗しているという印象を持っているので、ベテラン政治家は嫌われ、新鮮な政治家の出現が期待されるのです。新鮮な印象を与えた政治家。それが、上院議員になったばかりのオバマであり、テキサス州知事で中央政界に縁の薄かったブッシュであり、アーカンソー州知事だったクリントンというわけです。

ヒラリーもクリントン大統領のファーストレディだった時代は新鮮だったのですが、オバマ政権で国務長官を務め、すっかりベテランになってしまいました。

二つ目は、支持目当てに政策を簡単に変えてしまう節操のなさ。国務長官時代にはＴＰＰ（環太平洋経済連携協定）を推進していたのに、民主党の支持層の労働組合がＴＰＰに反対すると、自分も反対と言い出しました。いかにも露骨でした。

さらに民主党内で貧富の格差を問題にするバーニー・サンダースが支持を広げると、自分も「格差是正」を言い始めました。わかりやすい変身ぶりですね。

そして三つ目。ウォールストリートの金持ちたちと良好な関係を保ち、多額の政治献金を受け取っていることが反感を買っているのです。

例えば投資銀行のゴールドマン・サックスで三回の講演をしていますが、受け取った講演料は総額六七万五〇〇〇ドル（日本円で約七三〇〇万円）。ライバルのサンダースは、「そんな大金を払っても聞きたいような素晴らしい講演だったら、私たちにも内容を公開してほしい」と嫌味を言っています。どうして、そんな大金を払えるのか。なんらかの見返りを期待しているのではないか、と考えるのは自然なことでしょう。

こうした疑惑を一層掻き立てる映画が、近々アメリカで公開されます。これがヒラリーの致命傷になる可能性があるのです。

「クリントン財団」への疑惑の寄付

映画の題名は「クリントン・キャッシュ」。「クリントンの現金」とでも訳せましょうか。クリントン夫婦が如何に大金持ちになったかを描いたもので、カンヌ映画祭で先行上映されました。ヒラリーに多額の講演料を払う企業がいくつもある理由が明かされるのです。

原作は同名の書籍（ピーター・シュヴァイツァー著、あえば直道監修、小濱由美子、呉亮錫訳）です。

その仕掛けは、クリントン一家の慈善団体「クリントン財団」が、外国の企業からの寄付を受けることです。すると、まもなくヒラリー国務長官が、その企業に有利な取り計らいをする。その後、その企業の依頼で講演を行い、多額の講演料を受け取る、というのです。これが夫のビル・クリントンともなると、元大統領だけに、講演料はさらに跳ね上がります。

法律上、外国からの政治献金は禁じられていますが、海外からの財団への寄付は可能です。そこで慈善団体であるクリントン財団への寄付という形をとれば、資金を受け取れるのです。

例えばカナダの「ウラニウム・ワン」という企業をロシアの国営企業が買収した件です。ウラニウム・ワンはカナダの企業ですが、アメリカで採掘できるウランの二割の権益を持っていました。このような重要な企業がロシアの企業に買収されると、アメリカの安全保障上の問題になるはずですが、ヒラリーが国務長官時代、国務省は買収を承認しました。

この買収の前後に資金の動きがありました。ウラニウム・ワンはクリントン財団に四回で計二三五万ドル（約二億五八五〇万円）を寄付。買収が成功すると、ロシアの投資会社から五〇万ドル（約五五〇〇万円）の講演料がクリントン財団に振り込まれました。

サウジアラビアへの戦闘機売却の件は、サウジアラビアから財団に一〇〇〇万ドル（約一一億円）の寄付があった後、アメリカ国務省は、ボーイング社の最新戦闘機を総額二九〇億ドル（約三兆一九〇〇億円）で売却することを決めます。さらにボーイング社からも寄付を受けています。双方から寄付を受ける。実に割のいい商売です。

そして通信機器メーカーのエリクソンのケース。エリクソンはビル・クリントンの講演料七五万ドル（約八二五〇万円）を支払いました。当時イランはアメリカから経済制裁を受けていましたが、イランで事業を展開していたエリクソンは影響を受けることがありませんでした。

これでもか、これでもか、と繰り出される疑惑の数々。その多くが疑惑にとどまります。最近の流行語で言えば「不適切だが違法ではない」というものです。

でも、これでアメリカの有権者は納得するでしょうか。

とてつもない金権政治の現実

アメリカ大統領選挙では、多額の金が動きます。例えば四年前の選挙では、アメリカの経済紙「ウォールストリートジャーナル」によると、二〇一二年九月の一か月間に共和党のロムニー候補の陣営が集めた政治資金は一億七〇〇〇万ドル（当時のレートでは日本円で約一三六億円）というのですから驚きますが、民主党のオバマ陣営は一億八一〇〇万ドル（約一四四億八〇〇〇万円）と、さらにその上を行きました。

この資金がテレビＣＭに注ぎ込まれます。これだけのお金が入ってくれば、テレビ業界は選挙特需。儲かって仕方がないわけですから、選挙報道に力を入れ、選挙を盛り上げます。そうなれば政治資金が……という循環になっているのですね。

どうして、それだけの政治献金が許されるのか。

アメリカにも、日本の政治資金規正法と同じように個人献金の限度額があります。大統領選挙の候補者への個人献金額の上限は、予備選挙のときに二五〇〇ドル、本選挙でさらに二五〇〇ドル、計五〇〇〇ドル（約五三万円）と定められています。また、企業献金や労働組合などの団体による政治献金は禁止されてきました。

これだけを見ると、アメリカは政治資金の流れが透明に見えますが、どこの世界にも抜け道はあるもの。アメリカは、「政治活動委員会」（ＰＡＣ［パックと発音］）を組織すれば、資金を集めて特定の候補者の選挙運動に使うことが認められているのです。候補者個人への献金はハードマネー、ＰＡＣへの献金はソフトマネーと呼ばれます。

ところが二〇一〇年一月、連邦最高裁判所は、企業や団体が選挙活動に資金を寄付することを規制していた連邦法を憲法違反だと判断しました。選挙資金を寄付することは言論の自由の一部であり、制限すべきではないというのが理由です。この結果、企業や労組がPACを通じて巨額献金できる道が開かれたのです。こうしてそれまでのPACに比べて格段に資金を集めやすくなったPACは、以降、特別政治活動委員会（スーパーPAC）と呼ばれるようになりました。

スーパーPACは無制限に資金を集めることが許されるようになり、その多くはテレビCMに注ぎ込まれます。ところが、このCMは、支持候補に対する支援ではなく、対立候補へのネガティブ・キャンペーンが多いのです。スーパーPACは、建前としては候補者とは無関係な組織です。ですから、スーパーPACが、対立候補を誹謗中傷するテレビCMを流しても、候補者本人は知らんぷりができる仕組みです。

また、かつてはテレビCMなどの意見広告の費用の上限も定められていたのですが、一九七六年の連邦最高裁判決で、やはり表現の自由を保障する憲法に違反するとの判断が下りました。特定の候補者とは無関係に独立して広告を出すことが可能になったのです。それ以降、選挙に関するテレビCMの金額は青天井になりました。

大口献金者には思惑が

表現の自由は大切だから、お金を使って意見を表明する権利も保障する。そういう考え方も成り立つのでしょうが、それでは金持ちの意見ほど通りやすくなってしまいます。政治家にしてみても、巨額の献金をしてくれる人や組織に対して便宜を図るようになってしまいます。

オバマ候補への政治献金は、個人による小口の寄付が大半を占めていますが、前回の選挙でのロムニー陣営の場合は、大口献金者による資金が大きな割合を占めました。アメリカの経済週刊誌「ブルームバーグ　ビジネスウィーク」の二〇一二年八月の共和党大会特集号によると、ロムニー支援のＰＡＣが集めた資金の四分の一は、寄付者全体のわずか一〇％の人たちから寄せられたものだというのです。

自分が支持する候補者に当選してもらいたくて政治献金するというのは、当然のことではあるのでしょうが、度外れた金額となると、何らかの意図があるのではないかと疑ってかかりたくなります。同号は、この点にスポットを当てています。

ロムニー候補への最大の寄付者はシェルドン・アデルソンというカジノ王でした。ラスベガスでカジノを経営する彼は、マカオに進出。マカオのカジノで多額の収益を上げています。

マカオのカジノでは大陸からの中国人観光客が多額の資金を落とします。もし中国の人民元が、少しでも上昇したら、マカオのカジノにはどれくらいの影響が出るのか。同号の試算によると、人民元の交換レートが五％上がり、マカオのカジノ客の半分が人民元をマカオの通貨（ドルと連動）に替えて遊ぶと、半年間の売り上げが七三八〇万ドル（約五九億円）増加するというのです。

オバマ政権は中国に対して及び腰で中国が人民元を意図的に低く抑えていて

も、人民元の引き上げを強硬に主張していない。ロムニー候補が大統領になって中国に圧力をかけ、人民元引き上げを実現すれば、アデルソン氏の企業収益は天文学的数字に。そんな思惑があるようです。

ロムニー陣営の多額献金者には、ハロルド・シモンズという人物もいます。彼の会社は、西テキサスに核廃棄物処理用の広大な土地を保有しています。

オバマ政権の下で、原子力規制委員会は、原子力発電所の使用済み燃料の処理に厳しい規制を加えています。もしルールを変えて、核廃棄物処理が容易になると、シモンズ氏の経営する企業には、莫大な利益が見込めると同誌は指摘しています。

金がものを言う。まるで絵に描いたような金権政治です。大統領選挙には、そんな資金が動くのです。

中傷合戦も激化

スーパーPACは、建前としては候補者本人とは無関係な組織です。候補者への支持・投票を呼びかけるテレビCMを流すと、どうしても候補者陣営の色彩が強くなります。そこで、対立候補を貶《おとし》めることで、相対的に自陣営の評価を高めようと、批判CMを放送するための資金を出すようになりました。こうした行動を「ネガティブ・キャンペーン」といいます。ネガティブ・キャンペーンは、誹謗中傷により対立候補を貶める選挙戦術の一つです。

日本のCMでライバルを貶《けな》すことは考えられませんが、アメリカでは頻繁に行われています。中には、それが極めて効果的であったと見られているものもあることから、選挙では駆使されるのです。

ここでは、そのうちの歴史的に有名な二つの例を取り上げます。一つは「ひなぎくCM」です。一九六四年の大統領選挙で使われました。

このときの選挙は、ベトナム戦争の只中。民主党が現職のリンドン・ジョンソン、対立候補の共和党はバリー・ゴールドウォーターでした。ちなみに、このとき大学生だったヒラリーは共和党員で、ゴールドウォーターの選挙運動に参加していました。ゴールドウォーターが敗北した後、彼女は次第に共和党から離れ、やがて民主党員になります。

それはともかく、ゴールドウォーターは強硬な保守派で、「ベトナムの密林を焼き払うためには、核兵器の使用もためらってはならない」とまで発言したことがありました。このため、ゴールドウォーターが大統領になったら核戦争になりかねないのではないかと心配する人もいました。ジョンソン陣営は、有権者のこの意識に働きかけるCMをテレビで流したのです。

CMは、次のようなものでした。野原で少女がひなぎくの花びらを数えています。そのうちに、数を数える声が男性の声による「3……2……1……」というカウントダウンになり、画面いっぱいにきのこ雲が立ち上ります。そしてナレーション。「子どもたちが生きる世界をつくるか、闇に沈むか。選挙にかかっています」「ジョンソン大統領に投票を」。

このCMは、たった一度流されただけで、ゴールドウォーターという名前も登場しませんでしたが、多くの有権者は、ゴールドウォーターが大統領になると危険だという印象を受けたのです。根拠のない不安を有権者の心に吹き込む。

実に成功したキャンペーンは、その後「汚いひなぎくＣＭ」と評されるようになり、ゴールドウォーターは選挙で大敗します。

もう一つの例は一九八八年の選挙。共和党は、レーガン政権で副大統領だったジョージ・Ｈ・Ｗ・ブッシュ（パパ・ブッシュ）、民主党はマサチューセッツ州知事だったマイケル・デュカキスでした。デュカキスは、破産状態だったマサチューセッツ州の財政を増税なしで立て直したことで、「マサチューセッツの奇跡」と呼ばれました。選挙戦当初は、実績のあるデュカキスがブッシュを大きく引き離していました。そこでブッシュ陣営が放ったＣＭは、次のようなものでした。

刑務所の入り口に回転ドアがあり、囚人たちが刑務所に入っていくと、そのまま外に出ていきます。これは、マサチューセッツ州が実施している殺人犯の一時帰休制度を回転ドアに例えたのです。この映像に「デュカキスがマサチューセッツでやったことを、国政で繰り返させてはならない」というナレーションが入ります。

まるでデュカキスが導入した制度であるかのようなCMでしたが、実は、この制度を導入したのはデュカキスの前知事で、しかも共和党だったのです。まさに事実に基づかない誹謗CMでしたが、これをきっかけに、デュカキスの支持率が落ち、最終的にブッシュが当選を果たします。ブッシュの地元テキサス州は犯罪が激増し、刑務所に収容しきれないような状態だったのですが。

実に汚い選挙戦。このネガティブ・キャンペーンに多額の資金が使われているのです。

さて、今回の選挙戦では、どうなのでしょうか。

第三極の候補出現——リバタリアン党

トランプ対ヒラリー。これで今回の選挙戦の構図が決まったかに見えましたが、六月になって伏兵が現れました。それが、「リバタリアン党」のゲーリー・ジョンソン元ニューメキシコ州知事です。共和党でも民主党でもない第三極の候補登場で、大統領選挙の行方は、一段と読めなくなりました。

それにしても、「リバタリアン党」とは？　という疑問を持った人も多いことでしょう。そこで、まずは「リバタリアン党」を支える「リバタリアニズム」という思想潮流について取り上げましょう。

これは、個人的な自由と経済的な自由を徹底的に追求する思想です。自由を尊重する「リベラル」という思想より極端な主張が特徴的で、この思想を主張する人を「リバタリアン」と呼びます。

「リバタリアニズム」は、他人の身体や財産を侵害しない限り、あらゆる行動は基本的に自由であるべきだと考えます。

個人の持つ自由に国家権力が介入することに反対するので、徴兵制に反対です。銃の規制にも反対します。また、福祉国家にも反対します。福祉国家は社会福祉のために国民から多額の税を徴収するからです。治安維持と国防以外の国家組織は必要ないと考え、税金も最低限度にすべきだと主張します。社会的な自由を尊重する立場なので、家族や性道徳などを重要視する保守的な価値観とも異なります。

いわゆる「リベラル」は、弱い者の味方として、累進課税による富の再分配を支持しますが、リバタリアンは、税による富の再分配は権力による強制的な財産の没収だとみなします。

アメリカのリバタリアン党は、一九七一年に結党されました。そもそも政府の介入を嫌う思想ですから、いわゆる「小さな政府」を求める共和党と似た部分があります。銃規制反対でも共和党と一致します。

例えば二〇一二年の大統領選挙で、共和党の候補者選びに参加していたロン・ポールも、共和党員ではありましたが、リバタリアンでした。経済活動の自由を主張する彼の意見は徹底していて、自由貿易を支持する立場から、WTO（世界貿易機関）からの脱退を主張。外国とFTA（自由貿易協定）を結ぶことにも反対しました。貿易は、企業が自由に行えばいい、というわけです。

さらには、麻薬取り締まりにも反対です。麻薬を使用するかどうかは個人の自由であり、自由化したほうが、麻薬取引が地下に潜ることがなくなるという考え方です。

彼は小さな政府を主張し、教育省やエネルギー省などの廃止を求めました。教育省の廃止とは、日本的常識からすれば驚きですが、親が子どもにどんな教育を受けさせるかは個人の自由であり、国が口を出すべきではないという主張です。

また、ＦＲＢ（連邦準備制度理事会）の廃止も主張。これを日本に置き換えると、日本銀行を廃止しろという主張になるのですから、過激さがおわかりいただけるでしょう。

ロン・ポールの本領発揮は、対外政策にありました。海外への徹底した不干渉主義が持論で、米軍の海外からの全面撤退を主張しました。二〇一二年一月、ポールがアイオワ州の高校で、「君たちを海外に送り出すことはしない」と宣言すると、高校生たちは拍手喝采でした。

そして、国連からの脱退も主張。海外援助はやめるべきだと言い切ります。アイオワ州で、私がポールを支持する大学生に、「米軍が海外から撤退すると、国際情勢が悪化すると心配する人がいるけれど？」と尋ねると、「日本は米軍基地が欲しいんですか?」と逆に質問されてしまいました。私が戸惑っていると、「日本は偉大な国なんだから、自分の国は自分で守るべきです」と諭されました。

ロン・ポールのような考え方の人物は、共和党にもいますし、共和党を飛び出してリバタリアン党に入る人もいるのです。

その一方で、個人の自由を重視する立場から、人工中絶や同性婚を禁止するような方針にも反対。結果として寛容な政策になり、この点では民主党と共通するところもあります。

ジョンソンは、もともと共和党員としてニューメキシコ州知事を務めました。今回、リバタリアン党の副大統領候補になったウィリアム・ウェルドも共和党員としてマサチューセッツ州知事を経験しています。

実はジョンソンは二〇一二年の大統領選挙にも立候補したのですが、このときは得票率が一%にも届きませんでした。しかし今回は、六月の段階の世論調査で一〇%を超える支持を得ているというデータもあります。「トランプもヒラリーも嫌い」という有権者の支持を意外に集めるかもしれません。

第三極出馬で影響も

共和党と民主党以外の第三極から有力な候補者が出馬した場合で、選挙結果に大きな影響を与えたケースがあります。

一九九二年の大統領選挙では、現職のパパ・ブッシュが当初は有利な選挙戦を展開していましたが、共和党の考えに近い大金持ちのロス・ペローが出馬したことで票を持っていかれ、民主党のビル・クリントンに敗北しました。現職大統領の敗北は例が少なく、第三極候補の影響力の強さを示しました。

また、第三の候補出現で民主党候補が敗北したこともあります。二〇〇〇年の選挙は、共和党のジョージ・W・ブッシュ（息子のブッシュ）と民主党のアル・ゴアの事実上の一騎打ちでしたが、環境活動家としての長い実績を持つラルフ・ネーダーが「アメリカ緑の党」から立候補した結果、本来なら環境問題に熱心なゴアに集まるはずの票がネーダーに流れ、ゴアは僅差でブッシュに敗れました。

ブッシュは、大統領就任後、地球温暖化対策を取り決めた「京都議定書」から離脱するなど、環境保護とは対極の政策を取り、アフガニスタン攻撃、イラク攻撃と突き進んでいきます。混乱状態に陥ったイラクからは、いわゆるイスラム過激組織「イスラム国」（ＩＳ）が誕生します。

ラルフ・ネーダーという第三の候補が出なければ、世界は今とは大きく変わっていたはずです。

アメリカには他の政党も

アメリカ大統領選挙では、共和党と民主党の動向ばかりが伝えられますが、アメリカにも多数の政党が存在します。東西冷戦時代には、ソ連寄りの「アメリカ共産党」という名前の政党すらあったのです。今でも「アラスカ独立党」という、アラスカ州をアメリカから独立させようと主張している党があります。

アメリカの政党は、州当局に有権者登録をする際、支持政党を書く欄に民主党や共和党と記入すれば、その政党の党員とみなされます。日本の政党のように、党費を支払うことが義務づけられたり、党活動をしなければならなかったり、という束縛はありません。まさにボランティアとして活動するのです。

アメリカの二大政党に続く政党として、リバタリアン党、アメリカ緑の党も毎回大統領候補・副大統領候補を出して独自の選挙戦を戦っています。しかし、こうした政党は、普段は大勢に影響がない場合が多く、日本ではほとんど報道されないのです。

今回は、「嫌われ者」同士の戦いです。ここに、第三の候補者の出現は、今後の大統領選挙にどのような影響をもたらすのでしょうか。

おわりに——世界が内向きになっていく中での大統領選挙

「正義と理想のあくなき追求」

最近の私は、このことばかりを考えている。

アメリカでの予備選挙取材が一段落し、原稿を書き終えた頃、にわかにヒートアップしてきたのが、イギリスのEU離脱の是非を問う国民投票の行方だった。結果は皆さんご存じの通り、僅差で離脱派の勝利となった。世界経済のみならず、日本にとっても少なからず影響は避けられない結果となった。イギリス国内を見ても、イングランドと敵対するスコットランドや北アイルランドの独立など、さらなる問題に発展しかねない。また、大国の離脱を見て、極右政党が躍進するEU加盟国が、次々に自国での国民投票を呼びかける動きが目立つようになってきた。

「私たちの国らしさを取り戻す」

「移民や難民たちに、仕事も奪われ、社会保障もただ乗りされるなんてまっぴらだ」

異質なものを排除し、自分たちだけの利益を追求しようとする姿は、「偉大なるアメリカを取り戻せ」というトランプの主張と重なる。トランプ支持者たちに話を聞くと、トランプの過激な主張の裏には、納得できる確たる理由があると言う。確かにそうかもしれないと思える部分が無きにしもあらずだが、煽《せん》動《どう》的な発言に象徴される「炎上商法」に頼った人気取りは、あまりにも危う過ぎる。

いったいいつから、世界をリードすべき大国を中心に、世界中の国が内向きに、自分たちさえ良ければそれでいい、と考える勢力が強くなってきたのだろうか。世界中が感情的になり、冷静さを失っている。その行きつく先を考えると空恐ろしい気持ちにもなる。

そこで忘れてはならないのが「正義と理想」だ。アメリカ大統領選挙の取材を進めれば進めるほど、その思いが強くなっていった。特に、バーニー・サンダースの支援者たちの草の根の選挙活動に見た、純粋な情熱と最後の最後まであきらめずに行動する姿には、何の関係もない、ただ取材に来ただけの外国人の私でさえ、何か手伝えることはないかという気持ちにさせられた。日本の政治や選挙活動にはさしたる関心が持てない私が、である。いったい、この違いはどこからくるのか。それは、自分で支持する政党や政治家を見極め、きちんと登録手続きをしないと一票を投じることができない、というアメリカの選挙制度が大きく影響しているように思う。一見、何もしなくても「投票のご案内」が送られてくる日本の方が、一票を投じやすいようにも思えるが、自分から動かなければ一票を投じられないアメリカとは、一票の重みが違うのではないか。その一票たりともムダにしたくないと、カリフォルニア州予備選挙の当日にサンダース事務所に駆け付けてくるボランティアの人たちの姿を見て、そう思った。同時に、そこまで選挙に夢中になれること自体がうらやましく思えた。若者たちを中心に、ロック歌手に例えられるほどの熱狂を呼び、ヒラリーを最後まで苦しめたサンダース。泡沫候補と揶揄されていた七四歳の彼がこれほどまでに人々の心を引きつけたのは、正義と理想を追求し続ける政治家としての一貫した主張とぶれない姿勢だ。

トランプとヒラリーとの間で、支持率が拮抗する状態が続き、トランプ大統領誕生の可能性が現実味を帯びてくる中、サンダースは「打倒トランプ」のために立ち上がった。これまで七月下旬に開催される民主党大会までは、絶対に戦い続けるという姿勢を崩さなかったのだが、いわゆるヒラリーのEメール問題が一応の決着を見たあと、七月中旬になって「ヒラリー支持」を正式に表明したのだ。「ヒラリーはアメリカが直面している深刻な問題に立ち向かってくれるに違いない。彼女こそが次期アメリカ大統領にふさわしい」と。

この背景にあるのは、「トランプ大統領」を阻止するためには民主党の結束が欠かせない、という現実と、予備選挙戦を粘り強く戦い抜いてきたサンダースの主張の大半が民主党の政策綱領に盛り込まれたという結果だ。最低賃金の時給一五ドル引き上げや気候変動対策などの環境課題をはじめ、公立大学の無償化への取り組みなども草案に取りこまれた。ＴＰＰ（環太平洋経済連携協定）に対する強い反対の文言を盛り込むことはできなかったが、「民主党の歴史の中で最も進歩的な政策綱領ができた」という声明をサンダース自身も出している。もちろん、サンダース支持者の間では落胆する声も上がり、本選挙でヒラリーには絶対に投票しない、という人たちも一定数いる。ただ、サンダース自身が「全米各地で行われた予備選挙・党員集会では二二の州で勝利をおさめ、一九〇〇人もの代議員を獲得したことは私の誇りだ。民主党代表候補者にはなれなかったが、この戦いには勝ったも同然とも言える」（公式ＨＰより）と発言しているように、政策の実現という彼の目標には限りなく近づけたのではないだろうか。

青臭いことを信じて貫くこと、それがなければ、異質なものに対する差別や排除はなくならない。差別や排除は憎しみを生み、新たな紛争やテロ行為につながる。もちろん、自らの生活や感情が満たされなければ、他者に対する寛容な気持ちなど持てない。そんなことはわかっている。しかし、誰だって、経済的に豊かになって安全でより良い暮らしを送りたい。それが事実だ。いったいアメリカは、誰を次期大統領に選ぶのであろうか。

ここにきて、共和党の副大統領候補には中西部インディアナ州のマイク・ペンス知事の名前が挙がった。ペンス知事はトランプとの関係が良くない共和党主流派の議員に幅広い人脈があるので、調整役としての期待があるという。支持率が拮抗する中で、民主党のヒラリーが党の結束に奔走する一方、共和党のトランプも党内の調整に必死だ。今後の展開が怖いような気もする一方、どんな取材ができるのか楽しみでもある。アメリカ大統領選挙は、熱く、楽しい、お祭り騒ぎでもあるからだ。

四年前に引き続き、今回のアメリカ取材でも、NTV International Corporationの山本章弘さんに大変お世話になった。私のあくなき好奇心に笑顔で付き合ってくれる彼には本当に助けられている。

その取材結果を、テレビという媒体を通して伝える機会を与えてくださる、テレビ朝日「ワイド!スクランブル」の山本依代さんとスタッフの皆さん。池上彰さんと二人で担当する「徹底解説コーナー」も、開始からまもなく二年。チームワークも抜群だ。

過酷なスケジュールを承知の上で取材に飛び出していく私を、いつも励まし、支えながら、本という形にしてくださる、BOOK PLANNINGの笠原仁子さんと小山晃さん、ポプラ社の木村やえさん。

共著者であり、私の三〇年来!の大先輩である池上彰さん。

すべての方々と、取材で出会った人たちに、この場を借りて感謝の気持ちを伝えたい。

そして、「正義と理想」を胸に、これからも取材活動を続けていきたい。その決意を今、新たにしている。

二〇一六年七月

ジャーナリスト　増田ユリヤ

主要参考文献

・『アメリカの政治資金――規制と実態』藤本一美／勁草書房／一九九九年
・『エスニック・アメリカ――多文化社会における共生の模索』明石紀雄・飯野正子／有斐閣／二〇一一年
・『銃を持つ民主主義――「アメリカという国」のなりたち』松尾文夫／小学館文庫／二〇〇八年
・『宗教に揺れるアメリカ――民主政治の背後にあるもの』蓮見博昭／日本評論社／二〇〇二年
・『21世紀アメリカ社会を知るための67章』明石紀雄監修／明石書店／二〇〇二年
・『崩壊するアメリカ――トランプ大統領で世界は発狂する!?』横江公美／ビジネス社／二〇一六年

企画・編集　株式会社ＢＯＯＫＰＬＡＮＮＩＮＧ（笠原仁子／小山晃／高岡幸佳）
本書の内容の一部は、テレビ朝日系列「ワイド！スクランブル」で放映したものです。

池上彰《いけがみ・あきら》

1950年、長野県生まれ。慶応義塾大学卒業後、NHKに記者として入局。事件、事故、災害、消費者問題、教育問題等を取材。1994年から2005年まで「週刊こどもニュース」に出演。2005年に独立。2012年より16年まで東京工業大学教授。現在は名城大学教授。海外を飛び回って取材・執筆を続けている。『伝える力』(PHPビジネス新書)、『おとなの教養―私たちはどこから来て、どこへ行くのか?』(NHK出版新書)など著書多数。増田ユリヤとの共著に『世界史で読み解く現代ニュース』、『世界史で読み解く現代ニュース〈宗教編〉』(ポプラ新書)がある。

増田ユリヤ《ますだ・ゆりや》

1964年、神奈川県生まれ。国学院大学卒業。27年にわたり、高校で世界史・日本史・現代社会を教えながら、NHKラジオ・テレビのリポーターを務めた。日本テレビ「世界一受けたい授業」に歴史や地理の先生として出演のほか、現在コメンテーターとしてテレビ朝日系列「グッド! モーニング」などで活躍。日本と世界のさまざまな問題の現場を幅広く取材・執筆している。主な著書に『新しい「教育格差」』(講談社現代新書)、『移民社会フランスで生きる子どもたち』(岩波書店)、『揺れる移民大国フランス』(ポプラ新書)など。池上彰とテレビ朝日「ワイド! スクランブル」のニュース解説コーナーを担当している。

※本書の内容は2016年7月現在のものです

ポプラ新書
100
徹底解説!
アメリカ
波乱続きの大統領選挙
2016年8月5日 第1刷発行

著者
池上彰 + 増田ユリヤ
発行者
長谷川 均
編集
木村やえ
発行所
株式会社 ポプラ社
〒160-8565 東京都新宿区大京町22-1
電話 03-3357-2212(営業) 03-3357-2305(編集)
振替 00140-3-149271
一般書出版局ホームページ http://www.webasta.jp/
ブックデザイン
鈴木成一デザイン室
印刷・製本
図書印刷株式会社

N.D.C.209/236P/18cm ISBN978-4-591-15112-9

ポプラ新書　好評既刊

世界史で読み解く現代ニュース〈宗教編〉

池上彰＋増田ユリヤ

宗教が「世界」を動かす時代に、知らねばならないこととは。「イスラム国」（ＩＳ）の背後にあるイスラム教、欧米を理解するのに欠かせないキリスト教、そしてイスラム教、キリスト教と同じ神を信じるユダヤ教。この三つの宗教を世界史の流れの中で学ぶと現代のニュースがより見えてくる。

ポプラ新書　好評既刊

揺れる移民大国フランス

難民政策と欧州の未来

増田ユリヤ

シャルリー・エブド襲撃事件、続けて起こったパリ同時多発テロと今なお衝撃と恐怖に支配されている欧州。それでも移民や難民を受け入れ続ける人々。10年以上にわたりフランスを取材し続けていた著者だからこそ語ることができる、迫真のルポルタージュ。

生きるとは共に未来を語ること 共に希望を語ること

昭和二十二年、ポプラ社は、戦後の荒廃した東京の焼け跡を目のあたりにし、次の世代の日本を創るべき子どもたちが、ポプラ（白楊）の樹のように、まっすぐにすくすくと成長することを願って、児童図書専門出版社として創業いたしました。

創業以来、すでに六十六年の歳月が経ち、何人たりとも予測できない不透明な世界が出現してしまいました。

この未曾有の混迷と閉塞感におおいつくされた日本の現状を鑑みるにつけ、私どもは出版人としていかなる国家像、いかなる日本人像、そしてグローバル化しボーダレス化した世界的状況の裡で、いかなる人類像を創造しなければならないかという、大命題に応えるべく、強靭な志をもち、共に未来を語り共に希望を語りあえる状況を創ることこそ、私どもに課せられた最大の使命だと考えます。

ポプラ社は創業の原点にもどり、人々がすこやかにすくすくと、生きる喜びを感じられる世界を実現させることに希いと祈りをこめて、ここにポプラ新書を創刊するものです。

未来への挑戦！

平成二十五年 九月吉日　　株式会社ポプラ社